JN113161

和田秀樹の「親塾《おやじゅく》」

心とからだの問題解決！編

はじめに

少子化や核家族化の大きな問題として、「親の不安」があるというのが、精神科医である私が一番実感することです。

一人っ子や長男、長女を育てる際には、基本的に子育てが初めての体験になります。

そのうえ、昔と違って、親の先輩といえる自分の親がそばにいないことが多いのですから、特に子育てがうまくいかないときの不安は、かなり強いものになることは珍しいことではないでしょう。

また昔なら、落ち着きのない子、変わり者の子（私はどちらにもあてはまりました）で済んでいたものが、今では発達障害（正式には神経発達障害）という診断を受けるようになりました。

もちろん、それで医師や専門家のアドバイスを受けることもできるようになったし、学校もそれなりの配慮をしてくれるようになったわけですが、病気だと思うと親御さんの不安は高まるのももっともなことです。

あるいは、自分の子がいじめられているようだ、逆にいじめをしているようだ、クラスで仲間はずれになっているかもしれないという場合、勉強ができない以上に慌ててしまうこともあるようです。

ただ、こういうことは、親御さんがどのくらいの知識をもっているかで不安の程度が変わることは、精神科医として十分経験していることです。

本書は、子ども時代に起こる心や身体の問題について、不要な不安を抱かないで済む（親の不安は子どもに悪影響を与える可能性が高いものです）ように、私が自らオンラインで講義をした内容のエッセンスをまとめたものです。

日本では、例えば、いじめやネットでの誹謗中傷による自殺などが起こると、それをなくそうと躍起になりますが、現実にはどんな対策をしても完全になくすのは困難です。ならば、それが起こったときに、例えばいじめられたときに、あるいはネットで悪口を書かれたときに、どのように対応すればいいかを知っているほうが、はるかに自殺が防げると思います。

いじめられたら、「学校に行かなくてもいい」「保健室登校という手もある」「スクールカウンセラーという人に相談できるよ」などということを教えると同時に、いじめられることが恥ずかしいことでないことを伝えます。それ以前に、親になんでも言える関係をつくっておくということも大切になります。

本書はこの手の「転ばぬ先の杖」をお伝えするものです。お役に立てれば、そして子育ての不安から少しでも楽になれれば、著者として幸甚このうえありません。

和田秀樹

親塾［心とからだの問題解決！ 編］もくじ

3 学校生活での心配事

4 社会との関わり

友人とのコミュニケーション
勉強、学習、知育
趣味、娯楽

〈正誤表〉

本書７ページにて下記の通り誤りがございました。
お詫びして訂正いたします。

（誤）詳しくはP115に！
（正）詳しくはP127に！

和田秀樹の「親塾」とは？

- ☑ 地方にいても、首都圏や阪神間の過酷な中学受験を勝ち抜いた子に負けない学力をつけさせたい
- ☑ AIの時代に、親元でしっかりと子どもの精神と知力を鍛えたい
- ☑ ゲームやスマホの時代に、子どもを勉強好きな子にしたい
- ☑ 学力や対人関係能力で他の子とずれている気がするが、それでもしっかりと社会で生きていける子にしたい
- ☑「医者になりたい」「科学者になりたい」という子どもの夢を叶えさせてあげたい
- ☑ いじめに負けない心の強い子にしたい
- ☑ ストレスの多い競争社会で、大人になってからも自信をもって生きられる子どもにしたい

そういうさまざまなニーズに和田秀樹の配信講座「親塾」がお答えします！

本書購入者の特典として「親塾」を5回分無料で受講できます！

詳しくはP115に！

子どもの心理発達がうまくいかないとき

☑ 発達障害は神経発達症（障害）群に分類される

☑ 障害の特性を個性として生かしていく術を身に付ける

神経発達症（障害）群は症状にグラデーションがある

発達障害は、発達障害支援法で「脳機能の障害であって、その症状が通常低年齢期において発現するもの」と定義づけられています。

最新のDSM‐5（精神疾患の診断・統計マニュアル 第5版）では、発達障害は「神経発達症群／神経発達障害群」と呼ばれるカテゴリーに分類されています。

そのなかに、知的能力障害（ID）、自閉スペクトラム症（ASD）、注意欠如・多動症（ADHD）、コミュニケーション症群（CD）、限局性学習症（SLD）、運動症群（MD）などが含まれます（9ページ）。

すべてに共通している特徴的でパターン化された行動もありますが、同じ障害でも特性の現れ方や強度は人によって異なり、グラデーションがあるのが一般的です。また、いくつかの障害が重なっているケースもよくみられます。

そもそも子どもの発達の状況や環境には個人差があり、何かしらの欠陥や特性があったとしても、ただちに「発達障害かも」と不安に思う必要はありません。8～9割の子どもは脳機能に問題のない定型発達であり、特性が見られる非定型発達は全体の1～2割程度と言われています。

さらに特筆すべきは、発達障害の診断には、「その特性によって社会生活に支障をきたしていること」が条件づけられている点にあります。親子のあいだでは気にならなかった行動や症状が、幼稚園や学校に通うようになって「支障をきたす」ことで顕在化し、そこで初めて子どもの障害に気がつく親もいます。

また、発達障害の特性があっても、本人はもちろん、親や先生が個性として受け入れ、生活のなかで特に

神経発達症群、それぞれの障害の特性

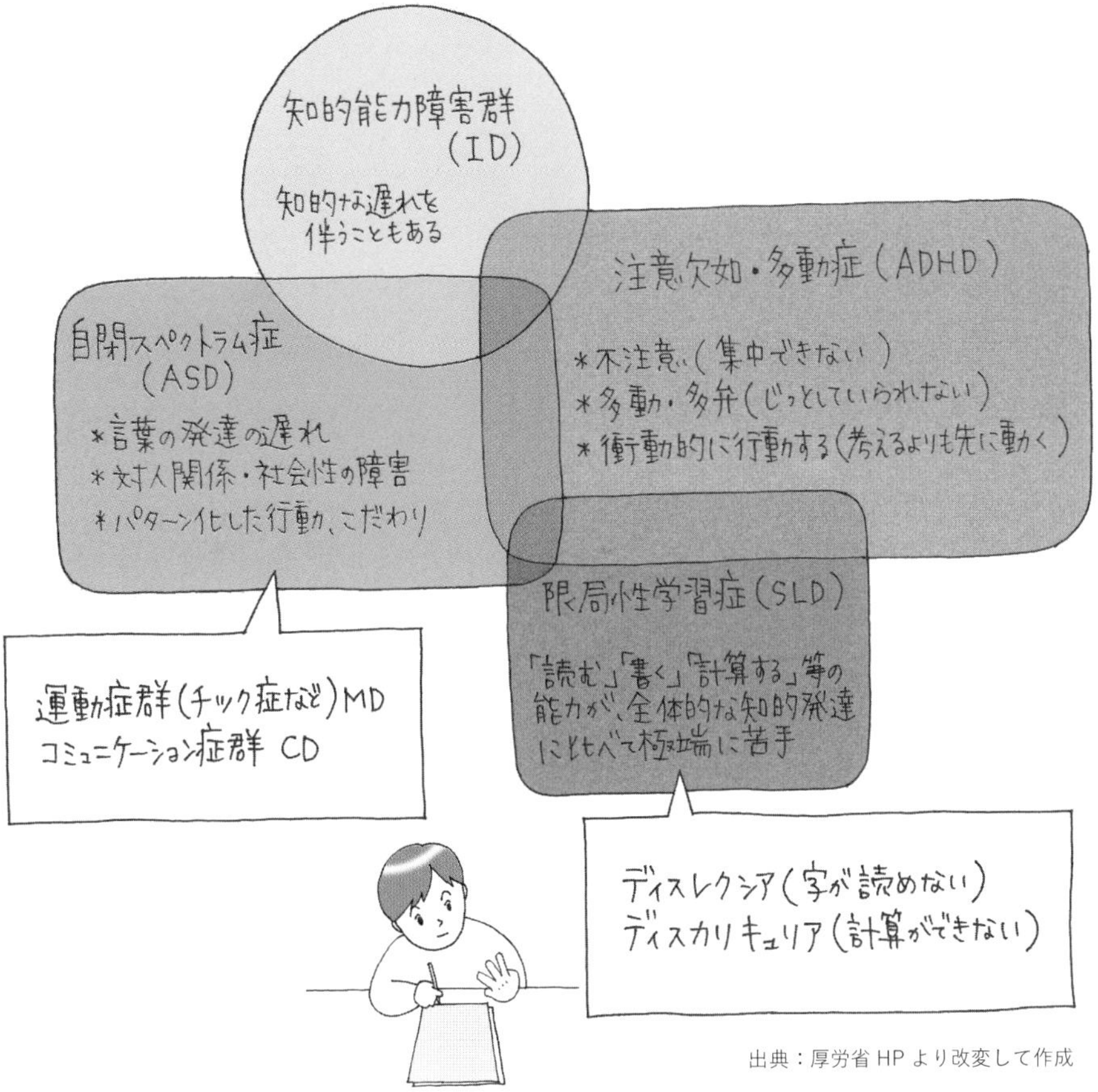

出典：厚労省HPより改変して作成

困っていることがないのであれば、障害ではないとも言えるわけです。

例えば、「人の気持ちがわからない」「こだわりが強い」といった特性があって、「友だちができにくい」子がいたとします。親としては心配かもしれませんが、こだわりの強さを興味のあるものに向けることができたとしたら、どうでしょう？ 高い集中力を発揮して、思わぬ才能を開花させるかもしれません。

子どもの場合は特に、**一見ネガティブにしか思えないような特性がプラスの個性に転じる可能性を秘めています。**「障害だ！ 病気だ！」とやみくもに焦ってしまう前に、その子の特性を生かすことはできないか、考えてあげることが大切でしょう。

発達特性を生かして活躍する
ニューロ・ダイバーシティ

世界的な潮流は、国籍、人種、性

別などあらゆる分野における多様性を認めていく方向へと進んでいます。

ニューロ・ダイバーシティ（神経多様性）とは、ニューロロジカル（神経学）とダイバーシティ（多様性）が合わさってできた言葉で、障害などの神経学的差異を病気ではなく個性として認め、社会で生かしていこうという考え方を表しています。

多様性を「認めよう」で終わりではなく、その特性を学校や企業のなかで「活用していこう」とする点に未来への希望があると思っているのですが、残念ながら、日本ではまだこの考え方が浸透しているとは言い難い状況です。

そもそも発達障害の特性があるからといって、社会的な成功者になれないわけではありません。有名な成功者のなかには発達障害をカミングアウトしている人、きっとそうであろう人がけっこういます。

アップルコンピュータの創業者であるスティーブ・ジョブズやマイクロソフトの創業者であるビル・ゲイツなどは、ＡＤＨＤかつＡＳＤの傾向があると言われていますし、モーツァルトやアインシュタイン、エジソン、レオナルド・ダ・ヴィンチら偉人たちも何かしらの発達障害であったと言われています。

ＡＳＤの「興味のある分野へのこだわりが強く、細部にまでこだわる」といった特性や、ＡＤＨＤの「好奇心旺盛で考えるよりも先に動いてしまう」といった特性をうまく生かせたことが、素晴らしい功績につながったとも言えるでしょう。

発達障害の特性のなかでも知的能力の遅れはすこし厄介

発達障害には知的能力障害も含まれます。知的能力障害の重症度は、「知能指数（ＩＱ）」の数値だけではなく、学力領域、社会性領域、生活自立領域において、どれくらいのレベルで適応できているかによっても判定されることとなっています。

知的能力を測る検査にはさまざまな種類がありますが、日本でもっともよく知られているのは田中ビネー知能検査です。

ビネー式において知能の高低を表すために採用されたのが、「精神年齢÷生活年齢（実年齢）×１００」で算出される「知能指数ＩＱ」です。この精神年齢は、各年齢群の児童の50％から70％が正解できる問題を使って測定します。

その結果、例えば、８歳で10歳の課題ができると「10÷８×１００＝ＩＱ１２５」となります。ちなみに、日本人の平均知能指数はＩＱ１１０と言われており、諸外国と比較しても高いほうと言えるでしょう。

Column

田中ビネー知能検査について

フランスの心理学者ビネー（Binet, A.）が、医師であるシモン（Simon, T.）の協力を得て開発した知能検査（ビネー検査）は、全体的な知能の発達の程度を測定できる検査として評価され、世界中で使われるようになっていきます。

ただし、精神年齢によって知能指数（IQ）を計算するため、大人になるにつれて、その成長は緩やかになり一定の水準に達すると下降してしまうこともあるため、成人の知能測定には適さないとされていました。

その積み残された課題を解消したのが、日本の田中寛一です。年齢によって知能の算出方法を変えることで、成人まで使える知能検査として改良したのです。それが、田中ビネー知能検査です。

知能指数 160 ともなると、1 億人に 1 人ともいわれ、ずば抜けた天才ですね

知的能力障害群 ID

知能指数（IQ）	偏差値
110	60
120	70 ……………… 全体の 2.5%
130	80 ……………… 全体の 0.5%

※ IQ と偏差値の換算はあくまでも目安です。

子どもが発達障害だと思ったら ADHD　その1

- ＡＤＨＤの特徴を知る
- 典型的なＡＤＨＤはなく、みんな違う
- ＡＤＨＤの長所を生かすための育て方がある

発達障害についての基礎知識

先にも触れましたが、発達障害の話をもう少し詳しくしましょう。特に、注意欠如・多動障害と言われる発達障害の話をしたいと思います。

そもそも、言葉としてはよく聞くけれど、「発達障害」とはなんなのでしょうか。長く発達障害と呼ばれていたものは、アメリカの最新の診断基準であるＤＳＭ‐５以降、正式な名称は「神経発達障害群」と呼ばれるようになりました。基本的には、発達期に発症するものを呼びます。

つまり、子どもがだんだんと言葉を覚えていく、コミュニケーションがとれるようになっていくといった、発達していく時期に、ある種の障害が起きるのが特色です。

神経発達障害群のもうひとつの特色は、発達の障害の程度は人によってまちまちだということです。ひどく悪い場合もあれば、そうでない場合もあります。これは、神経発達障害群がいわゆる「スペクトラム障害」と呼ばれる所以です。スペクトラムとは、境界線や範囲が明確でない、その状態が連続しているという意味です。例えば注意欠如・多動症（ＡＤＨＤ）と一言で言っても、多動はあまりない場合も多いですし、その逆もあります。

さらに、しばしばいくつもの障害が合併しているというのも特色として挙げられます。ＡＤＨＤだから自閉スペクトラム症（20ページ）はないかというと、多くの場合はその二つが両方ともあります。あるいは自閉スペクトラム症の子どもに、往々にして学習障害や知的発達障害があることがあります。

これは神様の悪戯とも言えるもので、通常の障害と違って個性だといわれる理由のひとつでもありますが、欠損と過剰が合併することも多くあります。例えば、いわゆるADHDは確かに落ち着きがなく集中力も低いのですが、反面、好奇心が旺盛だったり、いろいろなことにチャレンジできたりということがあります。できない部分と同時に、できる部分が過剰に存在することがあるのです。また、自閉スペクトラム症の場合ですが、過集中という症状もあります。

つまり、過剰とされているほうをうまく生かせば、結構面白い人間になれるし、社会に出てから成功者になれる可能性もあります。だから、神経発達障害群というとダメな部分ばかりが注目されがちですが、決してそんなことはないということを知っていただきたいのです。

神経発達障害群に含まれる障害

神経発達障害群にはいろいろなものが含まれています。

左の表にあるようにさまざまな疾患、症状があり、かつては精神的・知能的な意味で発達障害は規定されていましたが、神経の障害も含まれるという考え方で、神経発達障害群と呼ぶようになったわけです。

ADHDとは

ADHDには、不注意で集中できない、多動・多弁で、じっとしていられない、考えるよりも先に動いてしまうため衝動的な行動が多いといった特徴があります。

次ページの表の、A1の「不注意症状」が規定の数以上、A2の「多動性／衝動性の症状」が規定の数以上、さらに、B、C、D、Eのすべての診断基準を満たすと、ADHDという病名がつきます。

神経発達障害群に含まれる疾患

注意欠如・多動症（ADHD）
知的能力障害群（ID）
自閉スペクトラム症（ASD）
限局性学習症（SLD） これまで学習障害と呼ばれていたもの。IDと違い、算数だけできないというように、特定の科目だけできない場合
コミュニケーション障害（CD） 自閉スペクトラム症の一部だが、 コミュニケーションの部分だけが苦手
発達性強調運動症（MD） 隣の人と同じフォークダンスが踊れないといった、運動機能のある一部分ができない

注意欠如・多動性障害の診断基準

A１　不注意症状

以下の不注意症状が６つ（17 歳以上では５つ）以上あり、
６ヵ月以上にわたって持続している

a.	細やかな注意ができず、ケアレスミスをしやすい。
b.	注意を持続することが困難。
c.	上の空や注意散漫で、話をきちんと聞けないように見える。
d.	指示に従えず、宿題などの課題が果たせない。
e.	課題や活動を整理することができない。
f.	精神的努力の持続が必要な課題を嫌う。
g.	課題や活動に必要なものを忘れがちである。
h.	外部からの刺激で注意散漫となりやすい。
i.	日々の活動を忘れがちである。

A２　多動性／衝動性の症状

以下の多動性／衝動性の症状が６つ（17 歳以上では５つ）以上あり、
６ヵ月以上にわたって持続している

a.	着席中に、手足をもじもじしたり、そわそわした動きをする。
b.	着席が期待されている場面で離席する。
c.	不適切な状況で走り回ったりよじ登ったりする。
d.	静かに遊んだり余暇を過ごすことができない。
e.	衝動に駆られて突き動かされるような感じがして、じっとしていることができない。
f.	しゃべりすぎる。
g.	質問が終わる前にうっかり答え始める。
h.	順番待ちが苦手である。
i.	他の人の邪魔をしたり、割り込んだりする。

B：不注意、多動性／衝動性の症状のいくつかは 12 歳までに存在していた。
C：不注意、多動性／衝動性の症状のいくつかは２つ以上の環境（家庭・学校・職場・社交場面など）で存在している。
D：症状が社会・学業・職業機能を損ねている明らかな証拠がある。
E：統合失調症や他の精神障害の経過で生じたのではなく、それらで説明することもできない。

参考：『DSM-5（精神疾患の診断・統計マニュアル 第５版）』
日本精神神経学会監修、髙橋三郎 大野裕 監訳
（以降、「参考：DSM-5」と表記）

ディメンジョン診断

こうした条件にすべて当てはまったとしても、「典型的なＡＤＨＤだ」というような場合は実は少なくて、いろいろなタイプがあるのは前述した通りです。その各疾患の重症度はそれぞれ何％か見極める診断方法を、ディメンジョン診断といいます。

どの疾患にも軽いものから重いものまであるということです。神経発達障害群といっても、重症度が５％くらいの子どもだったら、ほとんど健常な子どもと変わらない日常生活を送ることができます。

ニューロ・ダイバーシティ

先にも触れましたが、ここ最近トレンディな考え方が、ニューロ・ダイバーシティです。「神経学的な多様性は、本質的には病気だ」とするという通説に対抗して現れた考え方です。落ち着きがない子どもはそういう病気なのではなく、背が高いとか、髪がまっすぐだとかいう個人の違いと同様に認識され、尊重されるべきだという考え方をいいます。—

番重要なのは、すべての人がニューロ・ダイバースだということです。みんなに何かある。ある部分が目立つから病名をつけたくなってしまいますが、**実際は病気ではなく、ある種の個性なのです。**

非定型発達

小学校に入学するまでに、授業中ずっと席に座っていられる能力を身に付けるべきだという考え方があります。それができない「非定型発達」は、果たして発達の障害なのでしょうか。それとも個性でしょうか。

昔ながらの年功序列、終身雇用をよしとして、上司の言うことを素直に聞くのがいいサラリーマンだとされている時代だったら、非定型発達の人たちはうまく会社に適応できないかもしれません。しかし今なら、じっとしてはいられないけれど、好奇心旺盛でいろいろなことに手を出し、チャレンジを好むという個性は、むしろ歓迎されることがあったり、すんなりと適応できたりするでしょう。特に起業したばかりの会社では、うまく立ち回って、出世することも。これまではおかしな奴と呼ばれていた人が、すごい奴になり得るのです。

例えばスティーブ・ジョブズという人は、かなりの変人だったそうですが、今は彼を目標にしている人がどれだけ多いかを考えると、時代がそうなってきているのでしょうね。

また、主観的に、つまり自分としてはおかしなことをしているつもりがない人に対して、お前はおかしい、とはじく必要があるのかという問題もあります。

ＡＤＨＤの人を多く診ている国立精神・神経医療研究センターによると、治療の基本を次の①、②のように述べています。

①のなかで言う何が「適切な行動」にあたるのかは難しいところですが、要するに、その特徴・個性なりに社会でうまくやっていければい

① ADHD の治療について

治療の基本は、こどもたちおよび周囲の人たちが、その特徴を理解し、行動をコントロールして適切な行動が取れるようにすることです。何よりも「自分は得意なところがある」し「やればできるんだ」という自尊感情、自己意識を高めることが重要です。

② ADHD の心理社会的治療

こどもとかかわる保護者や教師などがこどもの示す行動特徴を理解し、対応をとることが必要であり、そのための環境調整や保護者が接し方を学ぶペアレントトレーニング、ペアレントプログラムなどがあります。

出典：国立精神・神経医療研究センター HP

いのではないかということです。また、**「お前はおかしい」「障害があるんだ」というような扱いを受けるよりは、自分にはできること・得意なことがあるという感覚をもたせることが重要**だということです。

②でＡＤＨＤの心理社会的治療とあるのは、**「その子を変えよう」ではなく、「周りがその子の特徴を理解しよう」とすることが大事**だという考え方です。

ＡＤＨＤの薬物治療

ＡＤＨＤ的な行動が見られたとして、それが個性だとしても、一方で、多少なりとも薬で落ち着くのであれば、薬物治療も視野に入ってきます。

現在、抗ＡＤＨＤ薬といわれている薬剤が4種類販売されており、症状の特徴やライフスタイルに合わせた薬物の選択が行われています。その他、子どもの示す症状に応じて、抗うつ薬、気分安定薬や抗精神病薬などが使用される場合があります。

ＡＤＨＤの長所

好奇心旺盛で実行力があるなら、社会に出て成功できる可能性が高いと言えます。エネルギッシュに成功を求めることも多いでしょうし、感受性が高い場合には、何が売れるかという消費者のニーズを掴むセンスが磨かれます。集中できる時間は短くても、いろいろなものに集中できるという長所もあります。

私の場合は、小学校1年のときには教室内を歩き回りましたし、いろいろなことに興味がわいてしまって落ち着きませんでした。ＡＤＨＤの傾向は間違いなくありました。人の気持ちがよくわからなかったし、ゲームに負ければ激昂するような子どもでした。大人になってからも、38歳のときにずっと同じ病院に勤めるのは向かないと考え、そこを辞めました。つい最近まで月曜日は自由診療のクリニックでカウンセリン

ADHDの偉人

ＡＤＨＤの人には、既存の概念にとらわれないという特性もあります。
画家や音楽家、科学者、政治家、発明家などになる可能性も高い。

アインシュタイン	坂本龍馬
ピカソ	エジソン
モーツァルト	J・F・ケネディ
レオナルド・ダ・ヴィンチ	スティーブ・ジョブズ
ゲーテ	

グ、火曜日は保険診療の病院で臨床、水曜日には大学で教えて、診療の後は親塾をやっている。このように毎日仕事が違う暮らしを続けていました。器用ですねとか、すごいですねと言われることもありますが、ADHDだからそうしているのです。

また、私は高齢者を専門にしている精神科医だから如実に感じますが、人間が長生きするようになってきて、定年を迎えた後の人生をどう生きるのかが問題になっていますが、多分、ADHD的な人のほうがさまざまなことにチャレンジできて、人生を楽しめるのではないかと思います。

ADHDの子どもの育て方

私はADHDの子どもの育て方、接し方には原則があると考えています。エジソンの母親、ナンシー・エジソンの子育てにヒントがあります。エジソンは教室でじっとしていられなくて、先生の言うことも聞けなかった。結果、学校を追い出されたわけですが、元々教師だったナンシー・エジソンは、集中力を保つことができる短い時間でエジソンにたくさんのことを教えました。

3分しか集中がもたないのであれば、その3分の集中がすごいのだ、と解釈したわけです。好きなものならなんでも覚えられるとか、そのジャンルに関してだけは長い時間遊べるといった特性を長所とみなし、その長所がうまく伸びるようにしてあげることが大切だと気づいていました。同時に、短所はあきらめるか、目立たなくすればよいのです。

親のほうがポジティブに子どもの個性を捉えると、必然的に褒める子育てになります。特に、長所を徹底的に褒めてあげてください。漠然と褒めるのではなく、長所に関して、具体的に褒めることです。そのほうが子どもにとってリアリティがあります。

私にも、気が散りやすいという部分がありますが、多くのことに手を出しているためにその短所が目立たない。私は自分でそういう生き方をしているわけですが、親にそうしていてもいいのだと教えてもらったためできるのです。

私にはADHDの傾向がある他に、自閉スペクトラム症の要素もあったので、変わり者で、人と馴染むのもひどく苦手でした。私の母親は、お前は変わっているから、まともにサラリーマンはできない、だから何か資格を取らないと食っていけないよと言いました。それは自分にとって非常によかったと思っています。変わっていることがお前の個性なのだから、それを使って生きろと言われたことになります。そういうヒントを、子どものころから与えてあげてほしいです。

子どもが発達障害だと思ったら ADHD　その2

- 過去の偉人たちにならう自己肯定感を高める方法
- 勉強ではなくゲームだと思わせる勉強法
- 中学受験ではなく大学受験で勝負する

ADHDの子どもの勉強法

前項から、神経発達障害群、いわゆる発達障害と呼ばれてきたもののうち、注意欠如・多動症（ADHD）について述べてきました。ADHDの子どもによく見られる特徴を知り、それを長所、個性だとみなすことが必要だとお話ししました。その勉強法にも、ADHDだからこその方法があります。

基本的に、ADHDの子どもには特に、自己肯定感を大事にしてあげたいと考えています。成功体験をさせて、自分は天才なんだと思わせる。それがいい勉強法を見つけるきっかけにもなります。まずは、その勉強法の原則についてお話しします。

自己肯定感を上げる

前述の、ADHDだった偉人たちの共通点は、ADHDだというだけでなく、自分のことを天才だと思っていたところにあると思います。高い自己肯定感が、彼らのもつADHDの特性や、元々の才能を生かすことができたひとつの大きな理由でしょう。**ネガティブなことを教えるより、お前は天才だ、いつかきっと伸びると、できることを伸ばす方向**

ADHDの子どもの勉強法の原則

- 短い集中時間を最大限に生かす
- 得意科目を徹底的に伸ばす
- 苦手科目はある程度目をつぶる
- 合計点で受かるという発想をもつ
- 点をとる楽しみを教える
- 自己肯定感を大事にする
- 落ち着きがないなりの勉強法を考える

へもっていくほうが賢明です。

私もそうでしたが、自分のことを天才だと思うと、勉強が好きになります。いじめにあったこともありますし、仲間はずれにもなりました。しかし、天才なんだからいじめられても仕方ない、天才なんだ、仲間はずれになるのも当たり前なんだ、くらいに思いました。天才だと思うことで挫折もしにくいということです。自惚れでもなんでもいいので、まずは自己肯定感を上げることが大切です。そして、褒めちぎって天才だと信じさせるだけでなく、親のほうも、うちの子は本当に天才なんだと思いましょう。

ゲーム感覚で勉強させる

ゲームをすることで得られるような感覚を、勉強に取り入れるのもいいアイデアです。**勉強そのものに興味がもてなくても、点をとることに興味をもたせればいい**のです。勉強法を教えてくれる本を、まるでゲームの攻略本のように使うのもひとつの手です。あれこれと試して、いい点をとる経験をさせましょう。テストをテストと思わせずに、点をとるゲームなんだと思わせるのです。ゲームであれば、ADHDの子どもでも、集中できる可能性が高くなります。

積極的に先取り学習を

さらに、今、学校で習っていることがつまらなくても、もっと先の、大人の学習をさせたほうがいいことが往々にしてあります。そのほうが大学受験では圧倒的に有利です。集団で、学校や塾でみんなと同じことを勉強するよりは、個人で、自分の好きなことをやるほうが向いていることが多い。もう知っていることを習うのをひどくつまらなく感じますが、新しいことなら面白がる、そんなADHDの子どもの個性を生かすのが先取り学習だということです。

飽きたら別の科目をやればいいのであり、それが国語や算数である必要はありません。決められた教科書的なカリキュラムを重視するよりも、たまには天文学でもいいし、経済学でもいい。いろいろなことを学ばせることができるのも、ADHDならでは、と言えます。

中学・高校受験より大学受験で勝負

小学校受験には、ある意味、こうした子どもをふるい落とすような側面があるし、中学、高校受験でも、ADHDの子どもは苦労するかもしれません。しかし**大学受験になれば、苦手科目をパスできますし、たとえ受験科目の多い大学でも、ひとつものすごく点がとれる科目があれば勝ち目があります。合計点主義で対応できるのです。**中学受験で成功しなければ大学受験も失敗する、とは限りません。

子どもが発達障害だと思ったら ASD　その1

ASDの特徴を知る
こだわりの強さを
生かして将来につなげる

ASDとは

この項では、神経発達障害群のなかの、自閉スペクトラム症（ASD）についてお話ししたいと思います。

厚労省のホームページには、次のようにあります。

これまで、自閉症、広汎性発達障害、アスペルガー症候群などのいろいろな名称で呼ばれていましたが、２０１３年のアメリカ精神医学会の診断基準の発表以降、自閉スペクトラム症としてまとめて表現するようになりました。自閉スペクトラム症は多くの遺伝的な要因が複雑に関与して起こる生まれつきの脳機能障害で、人口の１％に及んでいるとも言われています。自閉スペクトラム症の人々の状態像は非常に多様であり、信頼できる専門家のアドバイスをもとに状態を正しく理解し、個々のニーズに合った適切な療育・教育的支援につなげていく必要があります。

現在の自閉スペクトラム症の考え方

	自閉スペクトラム症		
項目	自閉症	高機能自閉症	アスペルガー症候群
コミュニケーション	とても困難	困難	少し困難
言葉の遅れ	ある	ある	ない
知的障害	ある	ない	ない
こだわり	ある	ある	ある

自閉スペクトラム症の症状

では、具体的にどんな症状があるのかを紹介します。

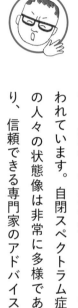

自閉スペクトラム症の診断基準

A	複数の状況で社会的コミュニケーションおよび対人的相互反応における持続的な欠陥があり、現時点または病歴によって、以下により明らかになる（以下の例は一例であり、網羅したものではない)。
	(1) 相互の対人的・情緒的関係の欠落で、例えば、対人的に異常な近づき方や通常の会話のやりとりのできないことといったものから、興味、情動、または感情を共有することの少なさ、社会的相互反応を開始したり応じたりすることができないことに及ぶ。
	(2) 対人的相互反応で非言語コミュニケーション行動を用いることの欠陥、例えば、まとまりの悪い言語的・非言語的コミュニケーションから、視線を合わせることと身振りの異常、または身振りの理解やその使用の欠陥、顔の表情や非言語的コミュニケーションの完全な欠陥に及ぶ。
	(3) 人間関係を発展させ、維持し、それを理解することの欠陥で、例えば、様々な社会的状況に合った行動に調整することの困難さから、想像上の遊びを他人と一緒にしたり友人を作ることの困難さ、または仲間に対する興味の欠如に及ぶ。
B	行動、興味、または活動の限定された反復的な様式で、現在または病歴によって、以下の少なくとも2つにより明らかになる（以下の例は一例であり、網羅したものではない)。
	(1) 常同的または反復的な身体の運動、物の使用、または会話（例：おもちゃを一列に並べたり物を叩いたりするなどの単調な常同運動、反響言語、独特な言い回し)。
	(2) 同一性への固執、習慣へのかたくななこだわり、または言語的・非言語的な儀式的行動様式（例：小さな変化に対する極度の苦痛、移行することの困難さ、柔軟性に欠ける思考様式、儀式のようなあいさつの習慣、毎日同じ道順をたどったり、同じ食物を食べたりすることへの要求)。
	(3) 強度または対象において異常なほど、きわめて限定され執着する興味（例：一般的ではない対象への強い愛着または没頭、過度に限定・固執した興味)。
	(4) 感覚刺激に対する過敏さまたは鈍感さ、または環境の感覚的側面に対する並外れた興味（例：痛みや体温に無関心のように見える、特定の音、感覚に逆の反応をする、対象を過度に嗅いだり触れたりする、光または動きを見ることに熱中する)。
C	症状は発達早期に存在していなければならない（しかし社会的要求が能力の限界を超えるまで症状は明らかにならないかもしれないし、その後の生活で学んだ対応の仕方によって隠されている場合もある)。
D	その症状は、社会的、職業的、または他の重要な領域における現在の機能に臨床的に意味のある障害を引き起こしている。
E	これらの障害は、知的能力障害（知的発達症）または全般的発達遅延ではうまく説明できない。知的能力障害と自閉スペクトラム症はしばしば同時に起こり、自閉スペクトラム症と知的能力障害の併存の診断を下すためには、社会的コミュニケーションが全般的な発達の水準から期待されるものより下回っていなければならない。

参考：DSM-5

- 会議などの場所で空気を読まずに発言して、ひんしゅくを買う
- 視線が合いにくく、表情が乏しい
- 予想していないことが起きると思考が停止し、パニックを起こす
- 独自のやり方やルールにこだわる
- 感覚の過敏さ、鈍感さがある（うるさい場所にいるとイライラしやすい、洋服のタグはチクチクするから切ってしまうなど）
- 手先が不器用である
- 細部にとらわれてしまい、最後まで物事を遂行することができない
- 過去の嫌な場面のことを再体験してイライラしやすい

このような症状が2、3個重なっていれば、ASDの傾向があるかもしれません。

そして多くの場合、こうした傾向は幼少期から、次のような症状で現れてきます。

- 言葉の遅れがある、あるいは言葉が出ない、指さしが少ない
- 要求をあらわすのに、他人の手を対象物へもっていくクレーン現象がみられる
- おもちゃを並べる、タイヤや扇風機など回転するものが好き、一人での遊びに没頭する
- 切り替えが苦手、決まったパターンと違うと癇癪を起こす、集団での活動・遊びが苦手

自閉スペクトラム症の扱い

不登校、友人がいない、いじめにあうといったことは、健常者にも一定数ありますが、ASDだと、さらに多く起こってきます。他の人の気持ちを逆なでするようなことを平気で言う、場違いな発言をしてしまうなどの理由で、いじめの標的になりやすいのです。

ここでふたたび忘れてはいけないのは、「スペクトラム」とあるように、ADHDと同じく、軽いものから重いものまであるということ。神経発達障害群だけでなく、どんな病気にも軽いものから重いものまであるというのが、現在の医学の考え方になってきています。ASDも、本質的な病気ではなく、ひとつの個性、認識され尊重されるべきもの（ニューロ・ダイバーシティ）なのです。人と同じく発達していない（非定型発達）からといって病気ではないのです。

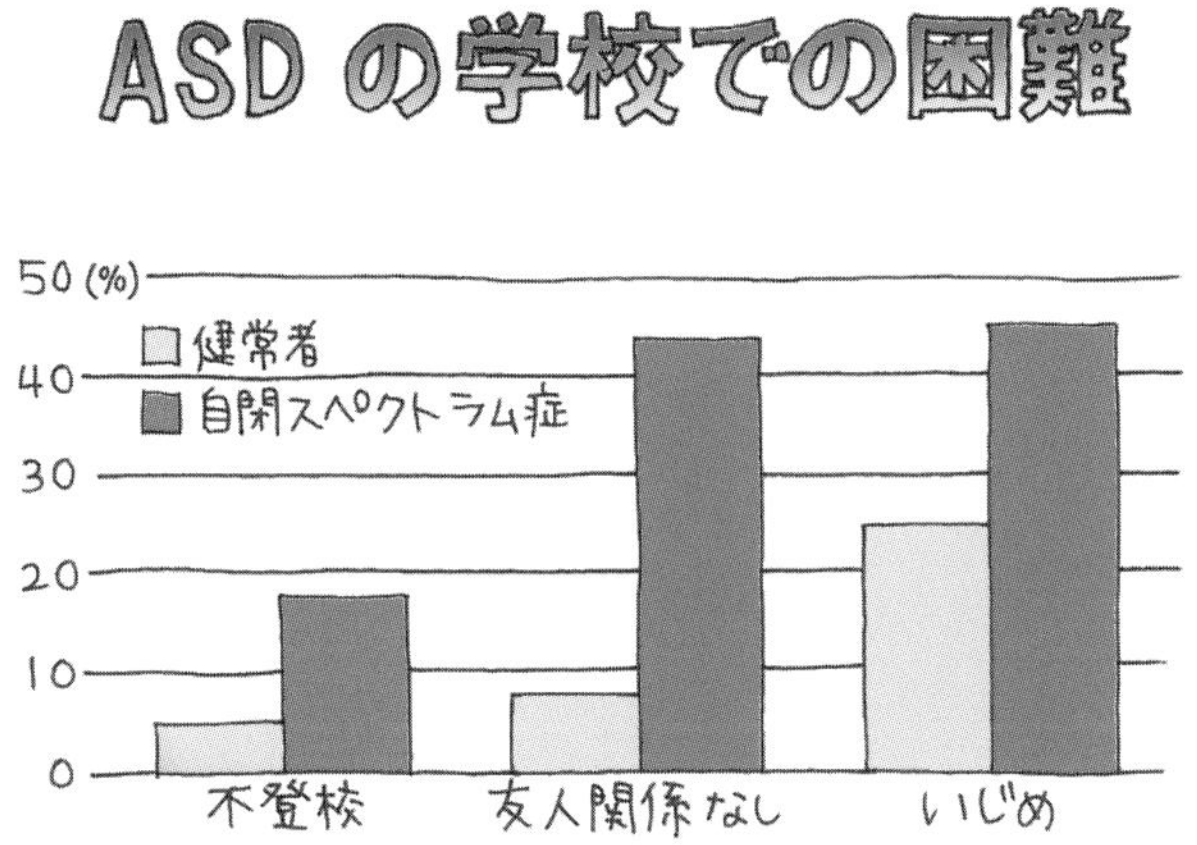

出典：昭和大学医学部　烏山病院の調査より

ASDの治療

ではASDの傾向をもつ子どもに対しての治療はどうしていくといいのでしょうか。ASDは個性のひとつなのだから、治療の必要がそもそもあるのかという議論もありますが、**治療的なことをしてあげて、本人が生きるのが楽になったとか、友だちができて幸せな気分になるのであれば、してあげるのもよい**でしょう。

治療には、環境療法、心理療法、薬物療法などがあります。

心理療法は、ものの見方や考え方を変えていく認知行動療法と、人間関係のルールを教えることで社会適応を目指すソーシャルスキルトレーニング（SST）に分けられます。ASDの子どもは、決まりがあるほうが楽だと思うことも多いため、SSTの効果には期待がもてます。

ASDそのものに効く薬はありませんが、感覚過敏やうつ状態に対する薬がありますし、合併しやすいてんかんやパニック症状などには薬物療法は有効です。子どもに薬物治療を施す場合は、それによって本人が楽になるかどうかが非常に重要なポイントです。

ASDの子どもへの接し方

まず長所を見つけ、それを具体的に褒めることで自信をもたせ、自己肯定感を上げるのが重要なのは、ADHDの子どもと同じです。人と違う考え方ができるとか、場違いながらも面白い発想をする、周りの意向を気にしないといった個性を大切にしてあげるのです。短所を治してなんとかしようと思う親御さんは多いですが、変な劣等感をもたせてもなんの足しにもなりません。

あることをくり返すのが得意な子どもが多いので、うまくいくパターンを親が観察し、利用することでそれを踏襲させるというやり方は賢明だと思います。

ASDの子どもには、極度に興奮しやすい、激昂しやすいという傾向もありますが、その対処法として、落ち着くグッズ（例えば母親のもち物）をもたせる、別室に移動して落ち着くのを待つ、以前ひどく興奮してしまった場所、場面と同じような状況になるのを避ける、などがあります。**以前落ち着いた環境、以前興奮した環境を親が観察しておくことがとても重要**なのです。こうしたパターンがコロコロ変わることはあまりないと私は感じています。

ASDの子どもは、はっきり言ってしまうと、まんべんなくできるのが望ましいとされる小学校や中学校の受験は苦手でしょう。しかしこれからの時代、そのこだわりの強さで起業家として成功したり、天才肌の人として世の中を楽しく過ごしたりできることも多いはずです。

子どもが発達障害だと思ったら ASD その2

- ☑ ASDの短所にこだわらない
- ☑ ASDの特性（長所）を見つけて伸ばす
- ☑ 論理にこだわるという長所を勉強に生かす

ASDの子どもへの接し方の原則

前項でもお話ししましたが、ASDはスペクトラム症ですので、軽い人も重い人もいます。どの程度のASDかにもよりますが、ASDの傾向のある子どもの育て方、接し方には原則があります。

「他と変わっている」子どもに対して、「変わっているから他と合わせなさい」「変わり者じゃダメよ」などと言っていると、その子の個性を潰してしまいます。「天才なんだから、変わっていて当たり前」というような態度を親が取っていれば、みんなにわかってもらわなくても大丈夫と思えて、さほど自尊心が傷つくことはないでしょう。そして思い切ったことができるようになり、取り柄が出てきます。

そして取り柄を見つけてあげたら、そこを集中的に褒めて、自信をもたせる方向にもっていくのが賢明です。

短所を直すのは難しい

これは神経発達障害群の全般に言えることですが、コミュニケーション能力のなさや空気が読めないといった短所は、はっきり言って直すのは難しい。でも、前述したような取り柄があり、そこに自信がもてれば、短所は目立ちません。

短所も、長所があるからこそ大丈夫、短所があっても当たり前、のように親が捉えることです。

ではどんな環境を整えてあげたらいいかというと、ASDの子どもは、私の考えでは前頭葉の機能の問題だと思うのですが、想定外のことに弱いという傾向があります。だから、想定内でものごとが起こるようにしてあげればよいのです。つまり、見通しがつきやすくするということです。

また、耳で聞いたことより、目で見たもののほうがよく理解できるという特性もあります。だから、**視覚的にわかりやすくしてあげる。**

さらに、苦手な刺激に対してはすぐにパニックを起こすこともあるので、親が、**何が苦手なのかを見極めてあげる**ことです。

ASDの特性（長所）

ASDの子どもには苦手なことも多くありますが、長所もたくさんあります。いくつか例を挙げますと、通常ならもう諦めてしまいがちなものに対して、コツコツとやり続ける強靭な忍耐力をもっています。エジソンにはADHDだけでなくASDの傾向もあったと思われますが、何度失敗しても実験をくり返す忍耐力をもっていました。

また、完璧主義の傾向も強く、白黒をつけたくなることが多い。これはうつになりやすいので必ずしもいいことではないのですが、最後の最後まで徹底的に集中してやります。

さらに、図形の問題が得意なことからわかりますが、抽象的思考力が非常に高い傾向もあります。

これは一番注目したい点ですが、**社会の決まりごとに無頓着で、他人の意見に無関心でいられる強さがあります。これは、これからの時代に生き残るために必要な能力のひとつです。**

ASDの子どもの勉強法の原則

基本的に、心情の読解力は低いですが、ルール（やり方）さえ掴めば、読解力を上げることができます。読解力をつければ、さまざまなジャンルに興味が広がる可能性が高まります。反面、やり方へのこだわりも強いので、そのこだわりを解く必要がありますが、これは意外と難しいものです。コツを掴んだ科目は得意ですが、苦手な科目を克服するのにはやり方を変える必要があるからです。

また、勉強そのものへの楽しみを見出してもらうのは困難ですが、点をとること自体をゲーム感覚で楽しめるようにするのは重要です。

さらに、論理にこだわるので理屈で説明するとすんなり理解することが多いのです。勉強ができるようになれば、友だちが少ないとか、性格に多少難があっても気にする必要はありません。

ASDの偉人

- ミケランジェロ・ブオナローティ
- アイザック・ニュートン
- トーマス・ジェファーソン
- アルバート・アインシュタイン
- アンディ・ウォーホル
- グレン・グールド
- スティーブ・ジョブズ　他

子どもが学習障害だと思ったら

- 学習障害を正しく理解する
- 「頭の悪い子」だと思わせず、「個性」だと捉える

学習障害についての基礎知識

学習障害というのは、いわゆる知的障害とは違い、読み書きの能力や計算力などの算数機能に関する、特異的な発達障害（神経発達障害群）のことをいいます。これまでもお話ししてきましたが、発達障害はスペクトラム症と呼ばれ、軽いものから重いものまであるものです。

私には国語障害の傾向があり、弟にははっきり算数障害がありましたが、当時は学習障害という言葉自体ありませんでしたから、だいぶひどい扱いを受けたと思います。学習障害はスペクトラム症なのですから、どの程度重度なのかを見極めれば、発達とともに「障害」ではなく「苦手」程度まで回復することも多いのです。事実、私も弟も、苦手な科目はありましたが、克服し、中の下くらいにはなりました。学習障害という言葉の響きで不安になる必要はありません。

厚労省のホームページには、次のようにあります。

学習障害には的確な診断・検査が必要で、一人ひとりの認知の特性に応じた対応法が求められます。ADHD（注意欠如・多動症）やASD（自閉スペクトラム症）などを伴う場合には、それらを考慮した配慮、学習支援も必要となり、家庭・学校・医療関係者の連携が欠かせません。

学習障害についての診断基準

通常、こうした障害の診断基準は、いくつかの項目のうち、2つ、3つ当てはまるかどうかで判断しますが、学習障害は、1つのことが極端にできない、その状態が6ヵ月以上続いていることで診断されます。つまり、1年後には治っている可能性もあるということです。諦めないでほしいです。

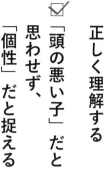

学習障害の診断基準

●学習や学業的技能の使用に困難があり、その困難を対象とした介入が提供されているにもかかわらず、以下の症状の少なくとも1つが存在し、少なくとも6ヵ月間持続していることで明らかになる。

① 不的確または速度が遅く、努力を要する読字（例：単語を間違ってまたゆっくりとためらいがちに音読する、しばしば言葉を当てずっぽうに言う、言葉を発音することの困難さをもつ）

② 読んでいるものの意味を理解することの困難さ（例：文章を正確に読む場合があるが、読んでいるもののつながり、関係、意味するもの、またはより深い意味を理解していないかもしれない）

③ 綴字の困難さ（例：母音や子音を付け加えたり、入れ忘れたり、置き換えたりするかもしれない）

④ 書字表出の困難さ（例：文章の中で複数の文法または句読点の間違いをする、段落のまとめ方が下手、思考の書字表出に明確さがない）

⑤ 数字の概念、数値、または計算を習得することの困難さ（例：数字、その大小、および関係の理解に乏しい、1桁の足し算を行うのに同級生がやるように数学的事実を思い浮かべるのではなく指を折って数える、算術計算の途中で迷ってしまい方法を変更するかもしれない）

⑥ 数学的推論の困難さ（例：定量的問題を解くために、数学的概念、数学的事実、または数学的方法を適用することが非常に困難である）

●欠陥のある学業的技能は、その人の暦年齢に期待されるよりも、著明にかつ定量的に低く、学業または職業遂行能力、または日常生活活動に意味のある障害を引き起こしており、個別施行の標準化された到達尺度および総合的な臨床評価で確認されている。

17歳以上の人においては、確認された学習困難の経歴は標準化された評価の代わりにしてよいかもしれない。

●学習困難は学齢期に始まるが、欠陥のある学業的技能に対する要求が、その人の限られた能力を超えるまでは完全には明らかにはならないかもしれない（例：時間制限のある試験、厳しい締め切り期間内に長く複雑な報告書を読んだり書いたりすること、過度に重い学業的負荷）。

●学習困難は知的能力障害群、非矯正視力または聴力、他の精神または精神疾患、心理社会的逆境、学業的指導に用いる言語の習熟度不足、または不適切な教育的指導によってはうまく説明されない。

参考：DSM-5

学習障害の種類

　前のページに学習障害の診断基準を細かく掲載しましたが、最後の部分が非常に重要です。学習障害は、知的障害があるから学習障害なのではなく、あくまでも知的障害がないのに、ある特定の分野に障害が出ていることを指します。

　そして、学習障害には基本的に3つの種類があるとされています。

①読字の障害を伴うタイプ
②書字表出の障害を伴うタイプ
③算数の障害を伴うタイプ

学習障害の考え方

　学習障害をLDと呼びますが、同じLDという表現でも、学習障害には教育的な立場でのLD（Learning Disabilities）と医学的な立場でのLD（Learning Disorders）の2つの考え方があります。最近は健常児とは異なった学習アプローチをとるという点から、Learning Differences（学び方の違い）と呼ぶ人もいます。

　教育の立場では、全般的な知的発達に遅れはないものの、聞いたり話したり、推論したりする力など学習面での広い能力の障害を指します。

　医学的には「読み書きの特異的な障害」「計算能力など算数技能の獲得における特異的な発達障害」を指すことが多いようです。

発達性ディスレクシア

　学習障害のひとつである発達性ディスレクシアとは、小児期に起こる特異的な読み書きの障害のことです。知的障害や視聴覚障害がなく、教育も受けていて本人も努力しているのに、その知的レベルから期待される読み書きの能力を得られない状態のことを指します。まず知的機能の評価をし、その後に数種の音読検査を経て診断されます。

　具体的な特徴は次のとおりです。

- **文字を一つひとつ拾って読む逐次読みをする**
- **単語あるいは文節の途中で区切って読む**
- **読んでいるところを確認するように指で押さえながら読む（これらは音読の遅延、文の意味理解不良につながる）**
- **文字間や単語間が広い場合は読めるが、狭いと読み誤りが増えて行を取り違える**
- **音読不能な文字を読み飛ばす**
- **文末などを適当に変えて読んでしまう適当読み**
- **音読みしかできない、あるいは訓読みしかできない**
- **拗音「ょ」促音「っ」など、特殊音節の書き間違えや抜かし**
- **助詞「は」を「わ」と書くなどの同じ音の書字誤り**
- **形態的に類似した文字「め・ぬ」等の書字誤りを示す**

学習障害の対応法（治療法）

では、子どもに学習障害の傾向があるとき、どう対処したらよいのでしょうか。

私が一番重要だと思うのは、変な劣等感を抱かせないことです。簡単に言うと、**「頭の悪い子」だと思わせないこと。頭が悪いのだと本人が思い込むと、努力ができなくなります。**努力しても、頭が悪いんだから仕方ない、ということになってしまうからです。その子の自尊心を傷つけ、動機づけを邪魔してしまいます。**頭が悪いからできないのではなく、苦手な科目があることは、他の人とわかり方が違う、理解の仕方が違うのだと親が思うことが大切**なのです。

これは一例ですが、フィンランドでは、理解の早い子どもとそうでない子どもを分けて指導します。理解の早い子どもにはもっと高度なものを教え、遅い子どもには懇切丁寧に何度も指導します。

日本はクラス一律で同じように教えるので、うちの子は頭が悪いのではないかと思いがちです。学校の授業と違う、うちの子に合った学習法があるのではないかと模索して、学習障害向けのわかりやすい本を選んで使うほうが効果的だと思います。

日本は教育よりも軍事や土木にお金を回す国ですから、この日本で教育を受けるということは一種の不幸なのだと受け止めて、個々の子どもに合った勉強法を親が見つけていくしかありません。

また、**どうしても理解が難しい場合には、その科目を捨て、できることに目を向けたほうが建設的です。**今まで見てきたADHDやASDの場合と同じく、小学受験や中学受験ではなく、大学受験に照準を合わせて勝負するという考え方をお勧めします。

学習障害の子どもの育て方・接し方の原則

できない科目を何とかしようという発想よりは、長所を探して褒め、自信をもたせるのが重要なのは、他の障害と同様で、言うまでもありません。問題のある部分は、「障害」だと捉えずに、「個性」「他との違い」だと考えましょう。できるところを伸ばすことができれば、大学受験でも社会に出てからも威力を発揮します。

子どもの反抗的な態度について

- 反抗の理由を考える
- 素直で従順なうちに学習習慣をつけさせる
- 親離れ、子離れを意識しすぎずに自然体でOK

9歳の壁、思春期、それとも発達障害か

本来、子どもはとても素直です。そして、パパとママのことが大好きです。特に男の子は「ママと結婚する！」と公言するくらい、母親に特別な愛情をもっているものです。

親に喜んでほしくて従順に過ごしてきた子どもが、小学校高学年くらいになると、口ごたえをしたり、乱暴な言葉で反抗したりすることがあります。これは、**「9歳の壁」とも称されるように、この時期特有の誰にでも起こり得る成長のサイン**です。

中学生以上であれば、傷つくような出来事や、葛藤するような悩み事を抱えているなどの理由がある可能性が高いでしょう。けれども思春期に突入する時期でもあるので、親の過干渉が気に障り、反発してしまうのも仕方のないことです。

また、成長過程の反抗とは異なり、発達障害が影響している可能性もあります。「自分の席で、じっとしていなさい」と注意されても、じっとしていられないのがADHDの特徴です（12ページ）。気に入らないとものを壊したり、暴力的になったりするのがASDの特徴（20ページ）。算数はできるのに、国語ができず「まじめにやれ」と注意されてもできない国語障害は、LDの特徴のひとつでもあります（26ページ）。

これらの発達障害については、それぞれのページで詳しく述べていますので参考にしてみてください。

反抗挑発性障害と素行障害

発達障害が影響する反抗のなかでも、**家庭や学校生活に支障が出ている場合には、複数の障害の合併や、リスクの高い障害へと変遷していく「負のスパイラル」に陥ることもあります**ので、早期の対処が必要です。

反抗挑発性障害の診断基準

以下の３カテゴリーのいずれか少なくとも４症状以上が６ヵ月間以上持続し、同胞以外の少なくとも１人以上の人物とのやりとりにおいて示されている。

怒りっぽく／易怒的な気分

(1) しばしばかんしゃくを起こす。
(2) しばしば神経過敏またはいらいらさせられやすい。
(3) しばしば怒り、腹を立てる。

口論好き／挑発的な行動

(4) しばしば権威ある人物や、または子どもや青年の場合では大人と口論する。
(5) しばしば権威ある人の要求、または規則に従うことに積極的に反抗または拒否する。
(6) しばしば故意に人をいらだたせる。
(7) しばしば自分の失敗、また不作法を他人のせいにする。

執念深さ

(8) 過去６ヵ月間に少なくとも２回、意地悪で執念深かったことがある。

注：正常範囲の行動を症状とみなされる行動と区別するためには、これらの行動の持続性と頻度が用いられるべきである。５歳未満の子どもについては、他に特に記載がない場合は、ほとんど毎日、少なくとも６ヵ月間にわたって起こっている必要がある。５歳以上の子どもでは、他に特に記載がない場合、その行動は１週間に１回、少なくとも６ヵ月間にわたって起こっていなければならない。このような頻度の基準は、症状を定義する最小限の頻度を示す指針となるが、一方、その他の要因、例えばその人の発達水準、性別、文化の基準に照らして、行動が、その頻度と強度で範囲を超えているかどうかについても考慮するべきである。

参考：DSM-5

そのひとつとして注視したいのが、反抗挑発性障害（ODD）です。アメリカ精神医学会のマニュアル「DSM-5」による診断基準は上記のとおりです。4つ以上が6ヵ月以上持続した場合に、ODDが疑われます。親の口論や離婚など、養育者の環境要因が大きいとされ、治療では子どもとの接し方を家族にトレーニングするなど、親子間の良好な関係性を築くことが重視されています。

ODDよりも重大な支障をきたすのが素行障害（行為障害とも呼ばれる）です。診断基準を33ページで紹介しています。15項目あるうちの3つ以上が過去12ヵ月以内に存在すれば、との記載がありますが、ひとつでも重大な事象ですので、早めに児童精神科を受診することをお勧めします。対処法としては、年齢にもよりますが、薬物療法や精神療法などが中心となります。

反抗と好奇心、反抗と学びについて

発明王エジソンの幼少期は、とても反抗的でした。先生が「1＋1＝2」と教えてもエジソンは納得がいかず、「2つの泥だんごを合わせたら、大きな1つの泥だんごになる」と反抗したというエピソードがあります。1年で学校をやめ、元教師だった母親がよき理解者となって勉強を教えた結果、好奇心がさらに磨かれ、考える力を引き出し、多くの発明へとつながることとなったのです。

「1＋1＝2」を疑うような子どもは、物事を多面的に捉える傾向がありますし、これからの時代をリードする見込みある子だと個人的には思います。しかし、試験では決まっている解答以外は×であり、点数を落としてしまうと説明しましょう。

古い価値観や世の中の共通認識を押しつけてくる教師や大人に対する不満を学習意欲に変えて、反抗をしながらもいい点数をとって、ギャフンと言わせてほしいと思います。

エジソンのように、考える力を引き出す好奇心は大いに結構なのですが、スマホを入り口にした、危険な世界への好奇心は要注意です。スマホ依存に向かわないように、兆候が見られたら、心を鬼にしてスマホを取り上げる覚悟をもちましょう。

親離れと子離れ

9歳の壁、思春期の身体の変化などに伴い、それまで母子一体化状態だった親子関係が、徐々に変化していきます。特に思春期には、親に言いにくいことも打ち明けられる親友を得て、だんだんと親子で話すことが少なくなってきます。

親がそれまでの感覚で子どもを過保護にしたり、「宿題はやったの？」「学校の友だちはどんな子なの？」と過干渉したりすれば、「ほっといて！」と反発を招くことになるでしょう。それでも親に甘えたい、話を聞いてもらいたいということもあるはずですので、そういうときにはしっかりと受け止めてあげましょう。

安心して見守るためにも、子どもが素直なうちに、勉強を自分で組み立てて取り組めるように習慣化させておくのが理想的です。また、親友のタイプによっては好ましくない方向に進むことも考えられますので、塾や習い事で一緒になる子の親御さんとの情報交換を生かすなどして、子ども同士が仲良くできるきっかけをつくるとよいでしょう。

最近では、反抗期がなかったと振り返る人も多く、ほどよい距離感で友だちみたいに接する家族も増えているようです。今やマザコンは異質ではなく、良好な家族関係のひとつだと他の国々の例を見ても思います。親離れ、子離れに対しても、神経質になる必要はありません。

素行障害の診断基準

他者の基本的人権または年齢相応の主要な社会的規範または規則を侵害することが反復し持続する行動様式で、以下の15の基準のうち、どの基準群からでも少なくとも3つが過去12ヵ月の間に存在し、基準の少なくとも1つは過去6ヵ月の間に存在したことによって明らかとなる。

人および動物に対する攻撃性

(1) しばしば他人をいじめ、脅迫し、または威嚇する。
(2) しばしば取っ組み合いの喧嘩を始める。
(3) 他人に重大な身体的危害を与えるような凶器を使用したことがある
(例：バット、煉瓦、割れた瓶、ナイフ、銃)。
(4) 人に対して身体的に残酷であった。
(5) 運動に対して身体的に残酷であった。
(6) 被害者の面前での盗みをしたことがある
(例：人に襲い掛かる強盗、ひったくり、強奪、凶器を使っての強盗)。
(7) 性行為を強いたことがある。

所有物の破壊

(8) 重大な損害を与えるために故意に放火したことがある。
(9) 故意に他人の所有物を破壊したことがある(放火以外で)。

虚偽性や窃盗

(10) 他人の住居、建造物、または車に侵入したことがある。
(11) 物または好意を得たり、または義務を逃れるためしばしば嘘をつく(例：他人をだます)。
(12) 被害者の面前ではなく、多少価値のある物品を盗んだことがある
(例：万引き、ただし破壊や侵入のないもの、文書偽造)。

重大な規則違反

(13) 親の禁止にもかかわらずしばしば夜間に外出する行為が13歳未満から始まる。
(14) 親または親代わりの人の家に住んでいる間に、
一晩中、家を空けたことが少なくとも2回、
または長期にわたって家に帰らないことが1回あった。
(15) しばしば学校を怠ける行為が13歳未満から始まる。

参考：DSM-5

子どもがませていると感じた場合

- ☑ 幼稚だと思う友だちに無理に合わせる必要はない
- ☑ 家庭の雰囲気を見直す
- ☑ 社会について考える話を振って議論の訓練をする

同世代の子どもを幼稚だとバカにする場合

　子どもが他の子を幼稚だとバカにするのは、自分が勝っていることを大人に認めてもらいたい承認欲求があるからと考えられます。私も子ども時代に「周りはバカだ」と言っていた記憶がありますが、母親は私のことを変わり者だけれど頭はいいと評価してくれていましたし、周囲に嫌われることを気にしない人でしたから、むしろ共感してもらい、バカにすることに対して注意されたことはありませんでした。ただ、社会的には他人をバカにする行為は好ましくはないので「そうだね、あなたはしっかりしているもんね」と認めたうえで「でも外で言ったら嫌われちゃうから、家のなかだけで言おうね」と教えておいたほうが賢明です。

　同じ年齢でも、例えば謎解きゲームが好きな子にとっては、キャラクターを集めるようなゲームは幼稚に思えるでしょうし、落ち着いた色で目立たない服装が好きな子にとっては、派手な色や個性的なデザインの格好をする子は苦手なタイプかもしれません。どういうところが幼稚に感じるのかを聞いてみて、**無理にその子に合わせる必要はないということ、その子は幼稚かもしれないけれど、いろんな人がいるから世の中は楽しいし、成り立つということを伝**えるよい機会だと思います。

兄や姉の友だちとばかり付き合おうとする場合

　昔は弟や妹も一緒になって、お互いの家を頻繁に行き来するような付き合いは珍しくなく、おおらかな時代でした。今は弟や妹が連れて行ってほしいと言っても、嫌だと断られるでしょうし、兄や姉の友だちが遊びに来ても、弟や妹は部屋に入れてもらえないことが多いと思います。

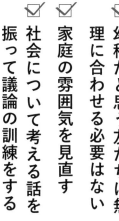

それでもなかにはフレンドリーで面倒見がよく、友だちの弟や妹の相手をしてくれる人もいます。年上の人への憧れもあり、一緒に過ごすうちに大人びた気分になって、同年代の子を幼稚だとバカにするようになれば、同世代の友だちから嫌われ、ますます年上の人たちとの付き合いに依存するようになります。大人の世界に憧れて、いい成長につながれば問題はないのですが、性的なトラブルや犯罪に巻き込まれる危険もあります。背伸びの方向性が間違っていないか、慎重な観察が必要です。

親に甘えられず葛藤している場合も

小さい子どもが、大人たちが話すゴシップネタや愚痴を人前で悪気なく真似て話すことがあります。子どもは聞いていないようでも、大人の話に耳を傾けていますし、成長するにつれて不穏な空気も敏感に感じ取ります。夫婦喧嘩やDVは一種の児童虐待とも言われるようになりましたが、親の怒りや悲しみの感情は、子どもにとっては相当な心理的ストレスになります。本当は親に甘えたいけれど甘えられない状況に、家を出て自立したいという反抗心、あるいは自分が一人前になって親を支えたいという責任感などから、早く大人になろうと無理な背伸びをする場合もあります。**家庭内の雰囲気が悪くなっていないか、余計な心配をかけていないか、子どもに愛情をかけているかを振り返ることも大事です。**

ませていることをメリットにして伸ばす

学校の授業のレベルが低いことが、周りをバカだと思う要因になっていることも考えられます。学習塾に通う子にとっては、先取り学習で理解している単元を学校でふたたび習うのは退屈かもしれません。それでも試験では点数を落とすこともありますから、満点を目指すゲーム感覚で挑むように仕向けたり、もっと先取りの学習を進めたり、対象年齢が少し上の本を読むことを勧めるなどして、より学力がつく方向に誘導するといいと思います。もし、関心のある分野がなんとなくでも見えてきたならば、関連するイベント、科学館や博物館、研究機関などが主催するワークショップ等に参加することで、将来を意識した学習プランも立てやすくなります。

また、テレビや新聞で取り上げられている時事ネタについて「お母さんはこう思うけど、あなたの考えはどう？」と、**社会を考えるような話をどんどん振って、意見のキャッチボールをすることも得策です。**難しい用語が理解できなければ自信をもって話せません。大人と対等に話したい、もっと社会を理解したいと思う意欲が、議論する力を養います。

子どもが性格が悪いと言われたら

- 周りが決めつける性格の良し悪しは気にしない
- 協調性を求めすぎない
- 建て前を教える

「性格悪い恐怖症」になっていませんか？

今の時代、勉強ができないことより、性格が悪いことのほうが問題で、社会に適応できないのではないかと心配される親御さんがとても多いようです。

私の娘は小学校時代に仲間はずれにされていたことがありました。私自身、変わり者だとか性格が悪いなどと言われて仲間はずれやいじめを受けてきた側の人間なので動じなかったのですが、妻は明るくて性格がよく、人気者タイプの人でしたから、すごく焦って心配していました。

私の母親は、友だちは多いほうがいいとか、周りに合わせる必要があるという思想ではなかったので「あなたは変わり者で社会に適応できないだろうけど、頭がいいから将来困らないように医者か弁護士の資格を取ったほうがいい。周りの評価は気にせず、自分のために勉強をすればいいんだよ」と言ってくれました。この言葉に救われていたと思います。ですから、仲間はずれにされていた娘も新たに中学受験塾へ通うことで小学校ではやり過ごし、塾で学力と新しい友だちを得る形で解決できました。

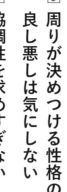

性格の良し悪しは友だちの数で決まるのか

「性格のよい子」とは、どんな子のことをいうのでしょう。

- 協調性のある子
- 素直な子
- 人の気持ちがわかる子
- 人間性の豊かな子
- 素直に甘えられる子

一般的にはこうした要素が挙げられ、いわゆる性格のよい子の周りには、友だちがたくさんいるイメージだと思います。

　これらの要素を見て感じるのは、必ずしも「性格のよい子」がいいことなのかということです。例えば**協調性があるというのは、言い換えれば主体性がないということでもあります。みんながよしとする正義にくっついているのだとしたら、将来、自分の考えや力で人生を切り拓いていけるかは疑問です。**

　もちろん、自然な感情として、人の気持ちを察し、みんなにやさしくできるならそれは素晴らしいことです。ただ、小学生のうちは協調性がなかったり、わがままだったりするのは、自分の本音を育てるために必要な過程でもあります。「性格が悪い」と受け取られ、友だちが離れてしまうことは、小学生のころには普通にあることだと思います。ですから、そこでうろたえたり、その子の性格を否定したりするのではなく、自分らしさをもっていることをまずは評価し、どのように生かしていくかにつなげればいいと思います。

勉強ができる人は性格が悪いのか？

　テレビの学園ドラマで、頭がいい生徒が性格の悪いキャラクターで描かれることが多いように思います。学業に限ったことではないのですが、競争社会においては、他人を蹴落として自分が優位に立とうとする感情が強く出ることがあります。

　また、親の愛情のかけ方が影響する場合もあります。例えば、兄が中学受験に失敗した後、弟が中学受験に成功したら急激に弟をかわいがり始めるなど、条件付きの愛情があからさまに見えると子どもの性格は歪みやすくなります。親は子に無条件の愛で接しなくてはいけません。

　受験競争のストレスなどから、下位の人を見下し、優越感に浸ることで満たされようとする子もいます。周りを敵だと考えさせるのではなく、協力して受験を成功させようという意識をもてるようなサポートが理想的です。そして、**競争自体は悪いことではないので、勝ったことは素直に喜ぶべきです。ただし、本音では下位の人をバカにしていても、人前では言動化しないという「建て**前」を教えるようにしましょう。

それって本当に
性格が悪いのかな？
100
性格悪いよな
あいつまた100点か

IQとEQ
両方が求められる時代

IQ（Intelligence Quotient）は知能指数を表し、これまで高IQの人が優秀な人材だとして社会に求められてきました。しかし最近はEQ（Emotional Intelligence Quotient）も同時に必要であるといわれるようになっています。

EQとは心の知能指数のことで、どんなにIQが高くてもEQが低ければ、感情的になりやすかったり、自己中心的な言動が多かったり、他人のミスに対して不寛容だったりと、ビジネスシーンではうまく機能しにくいことから、盛んに求められるようになりました。

EQ教育は後からでもトレーニングが可能ですので、小学生のうちはあまり神経質になる必要はないと私は考えています。今は学力を伸ばすことを中心に据えて、しっかり愛情を向け、親子のコミュニケーションをとることが第一だと思います。

性格は変えられるか

自分の神経質な性格が嫌で、変えたいという相談を受けることがあります。残念ながら性格をがらりと変えることはできないのですが、ものの見方を変えてプラスの側面を生かすことを考えようよ、という「性格のベクトルを変える発想」の提案はしています。例えば心配性の性格は、慎重で細かいことによく気がつくという点を生かせます。**心の方向性を変えることで、嫌だと思っていた性格も取り柄に変わります。**

また、置かれている環境が性格に影響しているということは多々あります。貧乏でみじめな思いをしたことで性格が歪む人はいますし、医師の世界でも、ひどい教授についたことで歪んだ性格になる人はいます。この場合、前者はお金に苦労しなくなれば、後者はいい師に出会えば、ネガティブな感情がなくなって周囲にやさしくなれるだろうと思います。ですから、**子どもの性格が悪くなったと感じたら、性格に影響を及ぼす悪い環境があることを疑ってみて、その原因となっている環境そのものを変えることも手段のひとつ**です。

EQを高めるために必要な5つの要素

1. 自分の感情を知る
2. 自分の感情がコントロールできる
3. 自分を動機づける
4. 他人の感情を認識する
5. 人間関係をうまく処理する

(Salovey & Mayer,1990)

性格はイメージであって真意はわからない

人の気持ちがわからずに失礼なことを言ったり、場違いな発言をしたりする人は、性格が悪いと受け取られがちです。こうした発言はASD（自閉スペクトラム症）の人に多くみられます。また、ADHD（注意欠如・多動障害）の人は自分勝手で協調性がないといわれやすいですし、限局性学習障害の人は特定のことだけできないため、わざとサボっているかのように見られがちです。

また、どんなに表向きの性格がよくても、立派な実績があっても、本心は誰にもわかりません。多様な人々がともに暮らす社会において、性格がいいとか、悪いとかを評価すること自体がどうかと思います。

心のなかでは自分に正直に、無理に周りに合わせようとはせず、けれども人前で他人を差別したり、バカにしたりしない、そのくらいの認識があればいいように思います。

神経質性格の特徴

（＋は正の側面、－は負の側面）

心配性	＋	先々のこと、細かいことによく気がつく。用意周到。慎重。緻密。
	－	不安や苦痛に過敏。取り越し苦労。消極的。引っ込み思案になりやすい。
執着性	＋	ねばり強い。忍耐強い。物事をやり通す。徹底的である。
	－	こだわりやすく、融通がきかない。気持ちの転換ができにくい。
自己内省性	＋	自己を客観視できる。自己反省ができる。自覚につながる。
	－	自己の心身に注意が向きやすい。心気的になりやすい。とらわれやすい。
強い欲求	＋	向上欲・完全欲を生かし努力をおしまない。
	－	完全主義に陥りやすい。現実離れした理想や欲望、不全感に悩みやすい。

子どもが自信過剰と思ったら

- よい自信過剰と悪い自信過剰がある
- 子どもは自信過剰なくらいがちょうどいい
- 自信を失った子どもには親が別の道を提示する

子どものころから自信過剰だった私について

小学生のころの私はかなり自信過剰でした。「俺は天才だ」と思っていましたから、仲間はずれにされても気にしていませんでした。扱いにくい子どもだったと思いますが、母は「もっと謙虚にしなさい」とも、「周りに合わせなさい」とも言わなかったので、自信満々のまま灘中学を受験。そして、合格しました。

灘に入れば東大までところてん式に行けると思っていたので、入学してから勉強をしなくなり、たちまち落ちこぼれてしまいました。入学時173人中5番だった成績が、中学1年の終わりには、128番にまで落ちて、私の自信の鼻はあっけなくへし折られました。

けれど、勉強以外のことにチャレンジしてみるだけの自信は残っていたので、小説を書いたり、生徒会の選挙に出たり、留学の試験を受けたり。結果は全敗でしたが、楽しい学生生活を送ることができました。

その後、医学部を目指そうと思い立ち、勉強法を変えてみたらみるみる成績がよくなり、東大理Ⅲに合格。また自信過剰の虫が騒ぎ、東大在学中から執筆業、監督業、教育事業経営など、いろいろなことをやりました。

おかげで、医師になっても、組織に頼らない人生を歩むことができています。私の人生をどう評価するかにもよりますが、自信過剰だったから今がある、と確信しています。

よい自信過剰と悪い自信過剰の違い

勉強や知能では自信過剰な私も、人に好かれることに関してはまったく自信をもてなかったので、「組織のなかで働くことには向いていない、何でもいいから免許をとろう」

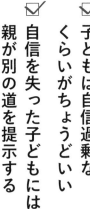

と考え、医師免許をとりました。とにかく「頭のいいこと」が唯一無二の取り柄だったので、バカになりたくない一心で、大人になっても学び続けることができたと思っています。

　私の場合、**自信過剰がモチベーションとなり、暴走気味なチャレンジも、結果としてよい方向へとものごとを推し進める原動力となっていました。**しかし、自信過剰なことが慢心を誘い、勉強や努力をしなくなってしまうこともあるでしょう。

　よく「やればできる」といいますが、その思い込みは危険です。やる才能がないか、やることによって失敗が確定してしまうのを避けている可能性があるからです。

　やっているのにできないのであれば、やり方を変えるなどできるようになる可能性がありますが、「やればできる」と言ってやらない人に可能性はありません。

自信がないより自信過剰なほうがいい

　子どもは、自信がないよりは、自信過剰なくらいがちょうどいいと思っています。

　スクールカースト（46ページ）で2軍、3軍にいるような子は、自信なさげで主体性もないので、いつも誰かの顔色をうかがったり、態度を合わせたりしています。

　子どものころにそういう生き方をしていると、大人になっても、嫌われないよう、周りに合わせて生きることしかできなくなってしまいます。

　ですから、**子どもが自信過剰で夢みたいなことを言っていたとしても、頭ごなしの否定は禁物です。子どもは、夢を本気で実現できると信じているものです。その気持ちを尊重し「あなたならきっとできる」と勇気づけてあげましょう。**

　例えば、子どもが「宇宙飛行士に

子どもが将来就きたい職業

	〈男の子〉	〈女の子〉
1位	スポーツ選手	漫画家・イラストレーター
2位	ゲームクリエイター	教員
3位	研究者	看護師
4位	会社員	保育士
5位	エンジニア	薬剤師
6位	ユーチューバー	芸能人・歌手・モデル
7位	建築家	医療関係
8位	教員	パティシエ・パン屋
9位	IT関係	医師
10位	医師／公務員	獣医師

男の子で１位の「スポーツ選手」の内訳を見ると、サッカー（37.1%）と野球（29.5%）に続いてｅスポーツ（7.6%）が入っており、ネットゲームはすっかりスポーツとして定着している。一方、女の子は、「漫画家・イラストレーター」が１位。ネットやゲームなどで作品に触れる機会が増えたことが要因と分析されている。

なる」「アナウンサーになる」と将来の夢を語っていたら、「どうすればその夢をかなえられるか」を一緒に考えてあげてください。

　このとき、夢の実現可能性も調べておくといいでしょう。そのうえで、どのような資格が必要か、何を学べばよいか、なるべく具体的に調べます。そして、「あなたの夢をかなえるためには、○○大学がいいみたいよ。だから、勉強をがんばろうね」と子どものやる気を刺激しながら導いていくことが大切です。

子どもが自信を失ったら親が別の方法論を提示する

　赤ちゃんは、泣けば母親が寄ってきて、ミルクを飲ませてくれたり、あやしてくれたり、気持ちを察して行動してくれると思っています。周りが自分のために動いてくれるという万能感をもっています。

　一般に、その万能感は、成長する

親が将来就かせたい職業

	〈男の子〉	〈女の子〉
1位	公務員	公務員
2位	会社員	看護師
3位	エンジニア	薬剤師
4位	医療関係	医療関係
5位	スポーツ選手	教員

小学生の子どもの夢は、親の意向が反映されるものです。男の子の親は、「公務員」や「会社員」など安定した職業に就かせたいと思っており、子どものランキングでも「会社員」は４位に入っています。女の子の親には医療関係の職業が人気で、子どものランキングにも同様の職種がランクインしています。

参考（p42、43とも）：株式会社クラレによる調査（2022年）
（調査対象：2022年３月に小学校を卒業した子どもとその親）

過程で思い通りにいかないことを学び、周囲への依存から脱却していきます。ところが、優秀な子のなかには、この幼児特有の万能感から抜け出せず、「自分は特別だ」と思ったまま成長していく子もいます。

しかし、**どんなに自信過剰な子も、いつかは上には上がいると気づかされるときがきます。**それがスポーツであれ、受験であれ、現実の厳しさを思い知り、過剰なまでの自信を一気に失ってしまうかもしれません。

そのときに親ができるのは、別の道（方法）を示してあげることです。「中学受験で失敗した」ときに、「大学受験でもっと上を目指そう」というように、具体的な目標を提示することが重要です。

自信過剰なままでいられるのは、子どもにとって幸せなことです。できるだけ長く、自信をもって過ごせるよう、サポートしてあげてほしいと思います。

子どもができすぎて浮いていたら

- できる子の興味・関心を否定しない
- 周囲から浮いていても、本人が気にしていなければ問題ない
- 子どもが怪しい情報に惹かれないよう注意する

10で神童、15で天才 20すぎればただの人

子どもにスポーツや音楽で突出した才能があると、親だけでなく周囲の大人たちも一緒になってその才能を伸ばそうと協力してくれます。

しかし、勉強ができる子に対してはどうでしょう。小学生で「頭のいい子」は、友だちからも、ときには先生からも疎まれやすく、学校には居場所がないことがあります。

世界には、成績の優秀な子が学年を飛び越して進級できる「飛び級」を認めている国が多くありますが、日本では原則認められていません。1997年に大学への「飛び入学」が認められるようになったものの、さまざまな制約があり普及していないのが現状です。

実際、小学生で〝神童〟と言われていた子が、成長とともに普通の人になってしまうことはよくあります。幼少期に抱いた「自分はできる!」という自信を糧に勉強をしていれば、さらに成績は伸びたはずが、勉強する機会ややる気をなくして勉強をしなくなり、結果として「普通の人」となってしまうのです。

周りの子が幼稚に見えて うまくやれない傾向がある

勉強ができる子にとって、学校の授業は簡単すぎて退屈なうえに、同級生が夢中になっているアニメやごっこ遊びは幼稚に見えてしまうこともあるでしょう。

同級生をバカにするような態度は褒められたものではありませんが、できる子にとっては、学校の授業も、同級生との会話も物足りないのだと思います。

政治や哲学など難しい話に興味を示し、大人と話をしたがっている子どもに、「あなたにはまだ早い」とごまかすのではなく、むしろ十分な

知識を与え、子どもの知識欲を満たしてあげましょう。

同級生の友だちと仲良くなるために、好きでもないアニメや遊びに参加するくらいなら、**興味をもっていることを心ゆくまで学ばせてあげたほうが、子どもの才能を伸ばすことにつながります。**

子どもの情報リテラシー 親が責任をもって管理する

インターネットやスマホを器用に使いこなす現代の子は、手っ取り早くさまざまな情報に触れることができる分、性的なことや金儲けにまつわることなど危なっかしい情報に惹かれる傾向にあります。

特に、学校やリアルな友だちをバカにしているような子は、ネットのなかの短絡的で刺激的な情報に傾倒してしまいがちです。

どんなに頭がよくても、大人びていても、まだ小学生の子どもです。子どもがネットで何を見ているのか、どのような情報に触れているのかは、親がチェックできる環境を整えておくことが重要です。

周囲から浮いていることを 子どもが気にしていたら

勉強ができすぎる子や周囲から浮いている子は、発達障害とみなされてしまうことがあります。

というのも、ＡＤＨＤやＡＳＤの特性である「人の気持ちがわからない（空気が読めない）」「座っていられない（落ち着きがない）」などのほか、ＥＱ（心の知能指数）の低さなど一致していることが多いためです。

一方で、多様性が尊重される現代において、そのような特性があるとしても直ちに「障害」と決めつけてしまわないほうがいいでしょう。特性を「個性」として受け止めてあげることが、子どもの得意を伸ばすことにつながります。

でも、もしも子どもが周囲とうまくやれずに悩んでいたとしたら？

親は、「合わないのは、あなたの知能が高すぎるからかな」と、まずは理解を示してあげることです。いきなり発達障害のレッテル貼りをしてしまうと、子どもは劣等感をもってしまいます。**勉強ができることでネガティブになる必要はないと力強く伝え、勇気づけてあげましょう。**

子どもがいじめを受けていたら

- 親も子も、仲間はずれを恐れずに「自分」をもつ
- 加害者の将来のためにも法の裁きで更生させる

80年代からいじめが社会問題に

文部科学省が「いじめ」の定義を設けたのは昭和61（1986）年のことです。いじめ防止対策推進法が施行されたのは平成25（2013）年で、施行から10年が経ちますが、いじめによる自殺や傷害致死事件は依然としてなくなりません。

文部科学省が公表しているデータでは、学校で仲間はずれや無視、陰口などを「された経験がある」「した経験がある」と答えた小中学生は、9割にも及んでいます。自分の子どもが、いつ、どのような形でいじめに巻き込まれてもおかしくない状況と言えるでしょう。

現代型のいじめとスクールカースト

ヒンドゥー教におけるインドの身分制度「カースト制度」が語源となる「ママカースト」が話題になったのは2000年代に入ってからでしょうか。主に幼稚園や小学校のママ友の間で、夫の学歴や職業、収入によって格付けされ、ボスママをトップに序列ができ上がる構図ですが、これと同じように学校のクラス内で上位層・中位層・下位層で生徒

小中学生へのいじめの追跡調査

（2010年度小4→2015年度中3までの6年間の調査）

「仲間はずれ、無視、陰口」

された経験がある……9割

した経験がある………9割

出典：国立教育研究所 生徒指導・進路指導センター いじめ追跡調査 2013-2015

スクールカーストの構図

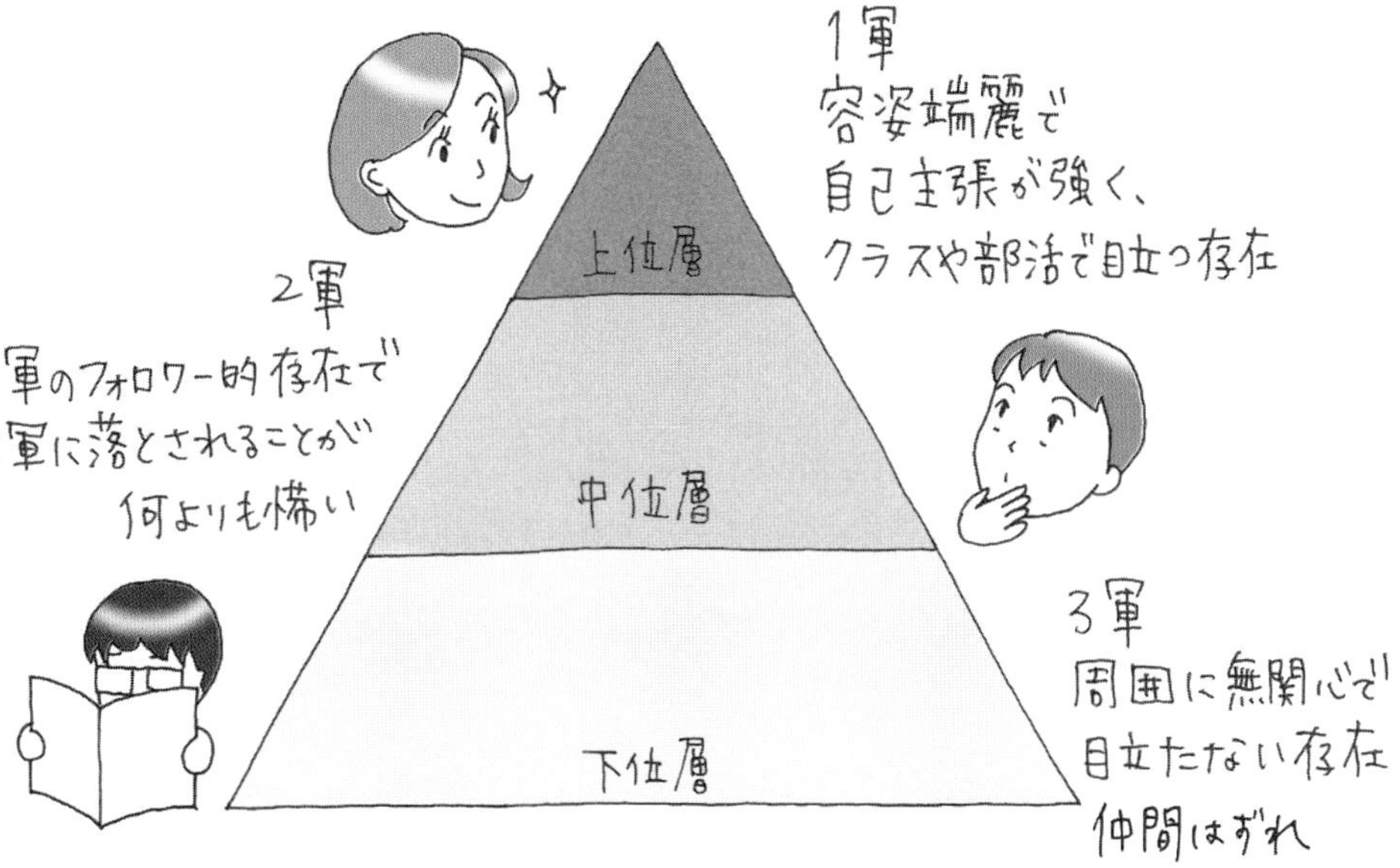
1軍
容姿端麗で
自己主張が強く、
クラスや部活で目立つ存在
上位層
2軍
1軍のフォロワー的存在で
3軍に落とされることが
何よりも怖い
中位層
3軍
周囲に無関心で
目立たない存在
仲間はずれ
下位層

が格付けされる「スクールカースト」が、現代のいじめに大きく影響していると考えられます。

　スクールカーストの上位層、いわゆる1軍に属する生徒のタイプを挙げてみましょう。

- 明るく活発でノリがいい
- ヤンキー系、ギャル系
- 運動部の主力選手で目立つ存在
- コミュニケーション能力が高い
- 自己主張が強い
- おしゃれに敏感、センスがいい
- 異性からの評価が高い（美男美女）
- 母親がママカーストで上位層

　これらの要素に当てはまる一部の生徒が、クラスのなかで権力を握っています。中位層である2軍の生徒は、1軍に合わせることで安心感を得ているフォロワー的立場です。

　下位層には、ブサイク、ドン臭い、ガリ勉、オタク気質、地味で目立たないタイプの生徒たちが3軍として位置づけられ、2軍の生徒らは権力者から仲間はずれにされて3軍に落とされることを何よりも恐れているというような関係性です。

権力者が真っ当なリーダーシップを発揮してくれるのであれば問題はないのですが、独裁的な優越感に味をしめて、「LINEを既読スルーしたから」「カラオケの誘いを断るとか、あいつウザいから」などと、自分に従順ではない2軍の生徒に対し、仲間はずれで報復するよう他の2軍の生徒に指令を出します。

指令を受けた2軍の生徒たちは従わなければ自分も同じ目に遭うことを恐れて、悪口の書き込みや、グループからの強制退会など、LINEいじめに加担します。

仲間はずれにされた生徒は、それまで散々3軍をバカにしてきたので、3軍に降格しても居場所がありません。どこにも属すことができず、クラスの全員が敵になったような疎外感をもち、孤独を味わいます。そして学校に行くことが辛くなり、不登校になってしまうのです。

親の仲間はずれ恐怖症が子どもを余計に追い込む

ママカーストやスクールカーストに敏感になり、親も子も標的にされることを避けたいがために、上位層のママや生徒に媚びるような態度を見せるようになります。こうして子どもに「くれぐれもみんなと仲良くやってね」というプレッシャーをかけてしまっては、子どもの学校生活を委縮させてしまいます。何より、仲間はずれにされた場合に、親をがっかりさせてしまうので、本当のことを言えなくなってしまいます。

逆に、正義を振りかざすかのように「何かイヤなことがあったらすぐにママに言いなさいよ、学校に怒鳴り込んでやるからね」というケンカ腰の姿勢では、余計に事態が悪化してしまうので、なかなか話そうとは思えないはずです。どちらの場合にも、親に相談することができず、一人で抱え込んでしまいます。

仲間はずれ耐性を養う

親がとるべき姿勢は、1軍に媚び

ること、ケンカ腰になることよりも、仲間はずれになってもネガティブにならない思考で毅然とすることだと思います。

入学や進級のタイミングで同級生の顔ぶれは変わります。1軍のリーダータイプの生徒は、たくさんのフォロワーを得るために愛嬌を振りまき、不動の地位を築いていくでしょう。**なんとなくグループに属していたほうが安心だからとノリのいい1軍の傘下に入るのではなく、誰かに振り回されずに一人で好き勝手にできたほうがいい、という「自分」をもつことが大事だということを、子どもと共有できるといい**ですね。

焦らずに構えていれば、話が合う友だちが近くにいる場合もあります。クラス以外、学校以外、地域以外と、他の環境で仲間ができることももちろんありますし、本当の仲間は大人になってからできれば十分です。

また、相手の気持ちを尊重しながらも、自分の意見を主張する「アサーティブネス（Assertiveness）」のスキルを身に付けることも有効です。自分が言いたいことを言っても嫌われない関係性が成り立ち、自分が自分らしくいられるという意味では、『嫌われる勇気』（ダイヤモンド社）で知られるアドラーが唱える「共同体感覚」に近いものがあります。

犯罪ならば警察に 差別ならば教育委員会に

ちょっとした仲間はずれであれば、こちら側の気持ちのもちようでやり過ごすこともできますが、**犯罪や人権侵害の域にあるものは、しかるべき対応が必要**です。

犯罪は法の下で裁きを受けるのは当然のことです。学校側は警察沙汰にしたくないがために、これまでは生徒間のトラブルは当事者同士の話し合いで穏便に済ませたり、いじめの事実の隠蔽が横行したりしていました。けれども昨今はスマホ動画や音声を証拠に、被害を訴えやすくなっています。

未成年を警察に突き出すのは、同じ親として気が引けるでしょう。しかし、**少年法が適用されるうちに非を認めて更生させることのほうが、その生徒の将来のためになると私は思っています。**

また、生まれもっての境遇などをバカにしたり、否定したりする差別的な発言や行為は許されないと、先生たちも日ごろから指導しているはずです。しかし、一向に改善されない場合には、教育委員会や学校法人の運営元に報告をし、組織全体で対応に当たってもらいましょう。

子どもだから何をしても許されるわけではないということをわからせなければ、学校でのいじめも、子どもの自殺も防ぐことができません。

子どもが いじめをしている ことが疑われたら

- ☑ **叱らずに子ども本人から丁寧に話を聞く**
- ☑ **悪い行為を否定し、子どもの人格は否定しない**
- ☑ **謝罪して責任を取るよう味方となって支える**

いじめをしているのか情報を集める

自分の子どもが、いじめの加害者になっているという噂を耳にしたら、まず事実かどうかの情報を集めることが第一です。「火のないところに煙は立たぬ」で、首謀者なのか、その他大勢なのか、あるいは濡れ衣なのか、いずれにしても関与している可能性があることを冷静に受け止めましょう。

情報を集めるには、いじめの事実について知っている人がいないか、仲のいいママ友だけでなく、範囲を広げながら「うちの子がいじめをしているという噂についてご存じの方は、詳しく教えていただけないですか」と、SNSを使うなどして質問をし、担任の先生や部活の顧問にも様子を聞いてみましょう。

さらに、被害者とされている生徒の親御さんにコンタクトを取り、もし噂が事実であるならば、親としてできる限り対処する旨を伝えて、被害者本人からの話も含めて事の次第を聞かせてもらいましょう。

情報が集まっても、集まらなくても、最終的に自分の子どもに「加害者であるならば、このままではあなたにとっていいことはないから、本当のことを聞かせてほしい」と説明をしたうえで、丁寧に話を聞く必要があります。

この段階で注意すべきことは、「何をやっているんだ！」のように**頭ごなしに叱りつけないこと、人間性を否定しないこと**です。結果的に悪い行為をしていたとしても、そこに至るまでに、相手から傷つけられるなどの理由があり、本人の正当な言い分があるかもしれません。話の全貌がわかるまでは、取り乱さずに聞き取ることを心がけましょう。

いじめの自覚がない場合もある

　事情を本人に聞く段階まで、自分がしていた行為が、いじめだと知らずにいる場合もあります。「いじり」という表現がありますが、最初は軽いいたずらとして受け手側に許容されていても、だんだんとエスカレートしてしまい、泣かせたり、困らせたり、逆ギレされたりして、目に余る状態に及んでしまうこともあります。

　パワハラにしても、セクハラにしても、受けた側が不快だと感じれば、それはハラスメント行為に当たります。それと同じように、**たとえ悪意がなかったとしても、相手がイヤだと感じることをやっていたとしたら、それはいじめと同罪であることを子どもに理解させせなくてはいけません。**

　また、背が小さい、太っている、天然パーマなど容姿の違いをバカにする行為や、家庭が貧乏であるとか、職業差別、国籍（人種）差別など、**本人の努力で変えられないことをからかう行為は、子どもであっても社会的に許されないということを教えなくてはいけません。**

　無意識にこうしたことで相手を傷つけてしまったら、二度と同じことをくり返さないことを約束して誠意を示し、心から謝りましょう。

3軍に落とすという現代型いじめとの関与

　スクールカーストの項（46ページ）でも述べた通り、人気者グループの1軍をトップに、フォロワー的存在の2軍、仲間はずれの対象や、地味で目立たないタイプが3軍に属する教室内の序列が、現代のいじめの構造の典型といえます。

　子どもが1軍に属し、いじめの首謀者だった場合と、あるいは2軍に属し、3軍に落とされることへの恐怖から加担していた場合とでは、対応の仕方は違います。

　後者である場合、たとえ首謀者ではないとしても、相手を傷つける行為そのものは過ちであると知らせ、

しっかりと反省をさせなくてはいけません。一方で、加担しなければ3軍に落とされてしまうという恐怖におびえていたことは理解してあげましょう。**過ちを強要する1軍の下で苦悩する2軍の生徒も、ある種の被害者です。仲間はずれになってもいいんだと、「自分」をもてるように親として支えてあげることが必要です。**

なぜ、いじめたいのかを知る

自分の子どもが首謀者として関与していたことがわかったら、親としてあらゆる感情に振り回され、取り乱してしまいがちになります。子どもを支えることを第一に、しかし、いじめに至った原因が何なのかを紐解いて、対処の方法を考えていきましょう。

軽い気持ちでしてしまった場合や、いじっているつもりの場合は先述した通りですが、その他に典型的なケースが3つあります。

1つめは「自分が強いことを確認したい」という心理が強く働くケースです。

本当は自分に自信がない、あるいはクラスで目立つことで親の気を引きたいという承認欲求が根底にあるかもしれません。

そんなことをしなくても、十分に強いことはわかっているし、目立つこと以外でもちゃんと見て応援しているということを伝えてあげましょう。本人が素直に受け止められるようなコミュニケーションがもっと必要なのかもしれません。また、強いことだけではなく、優しさや賢さなどが備わった人間であってほしいと伝えることも必要です。

2つめが「自分がいじめられた過去がある」というケースです。

例えば幼稚園のころにチビ呼ばわ

りされて、みじめな思いをしてきた過去があり、体が大きくなってその子の身長を追い越した今、その子にもみじめな思いを味わわせてやりたいと復讐したり、誰かをターゲットにしていじめたりすることで気持ちを満たそうとします。

EQを高めるために必要な5つの要素

1. 自分の感情を知る
2. 自分の感情がコントロールできる
3. 自分を動機づける
4. 他人の感情を認識する
5. 人間関係をうまく処理する

(Salovey & Mayer,1990)

こうした場合、専門家のカウンセリングを受けて、いじめたい欲求を治めていかなくてはならないのですが、日本ではカウンセリングがあまり浸透しておらず、解消されないことが多いです。**過去に受けた心の傷が深いようなら、プロのカウンセリングを受けさせることが賢明です。**

3つめが「相手を許せない、間違った正義」のケースです。

例えば、誰にも言わないことを条件に話した秘密を他の人にばらされた、あるいは塾があるからと誘いを断られたのに、別の友だちと遊びに行っていたことがわかったなど、裏切られたことに対する制裁を加えるという思考です。

約束を破られたり、嘘をつかれたりするのは傷つくことです。けれども、いじめという解決法を選択しても友だちを次々に失うことになります。孤立したり、将来、社会的地位を築きにくくなったりするなど自分が損をすることになります。

人間関係には相性があり、あまり通じ合わない人とは距離を置けばいいということ、自分を大切にしてくれる友だちがいつか見つかるであろうこと、そのためには**他者への思いやりをもち、誠実であろうと心がけることが大切だということを話してあげましょう。**

叱るより相手への共感性を身に付けさせる

自分の子どもから直接話を聞いて、いじめにどのように関与していたのか、だいたい把握できたとします。どのようなケースでも共通して言えることは、この段階でも感情的に叱ってはいけないということです。そして、本当のことを話してくれたことをまずは評価してあげましょう。

他人同士が関わるということ自

体、大人同士であっても簡単なことではありません。成長過程にある子どもが、自分なりにいろいろな感情を抱えながら向き合ってきた心理を察してあげることも必要です。

結果的に、いじめの加害者になってしまったとしても、「悪い子」呼ばわりは絶対にしてはいけません。やった行為を否定しても、子どもの本質は否定しないことが鉄則です。

親子で深く話し合うよい機会ですから、心の知能指数ともいわれているＥＱ（Emotional Intelligence Quotient）の視点から、共感性を経験させることも意味があると思います。前ページの表にあるなかで、特に「自分の感情を知る」「他人の感情を認識する」という2つの意識がもてるようになれば、いじめへと発展することも少なくなるだろうと思います。

犯罪レベルのいじめにどう対応するか

子どもの言い分を受け止めて、反省の姿勢を見ることができたとしても、相手にケガを負わせたり、金銭を巻き上げたり、犯罪レベルの行為をしていた場合には、社会的責任を負わせなければなりません。

18歳までは少年法が適用されるため処罰されないと思ったら大間違いで、少年の事件は、全件が家庭裁判所に送られ、家庭裁判所が処分を決定する仕組みになっています。16歳以上で故意の犯罪行為により被害者を死亡させた罪の事件の場合には、検察官送致（逆送）となり、検察官により刑事裁判所に起訴され、懲役、罰金などの刑罰が科せられます。

小学生くらいの年齢では、よほど重大な事件でない限りは警察が動いてくれないかもしれません。それでも、被害者側が警察に被害届を出した場合には、被疑者として警察に呼び出されて取り調べを受けることになります。被害届が出されなかったとしても、**これは逮捕されても仕方がない行為なのだということをきちんと理解させましょう。**

16歳未満でも、被害を受けた生徒が不登校になったり、自殺に至ったりした場合など、民事裁判で損害賠償請求をされる可能性もあります。民事上の責任能力がない年齢（概ね12歳未満）である場合には、加害者の両親に対する損害賠償請求が可能になっています。

もちろん警察や裁判所のお世話にならないのが望ましいですが、厳重注意の意味で警察署に呼ばれた場合にも、社会人になったときのための練習ができたと捉えましょう。子どもが自分を強く責めてふさぎ込んだりしないように、メンタル面のサポートをしてあげてください。

少年事件の手続きの概要

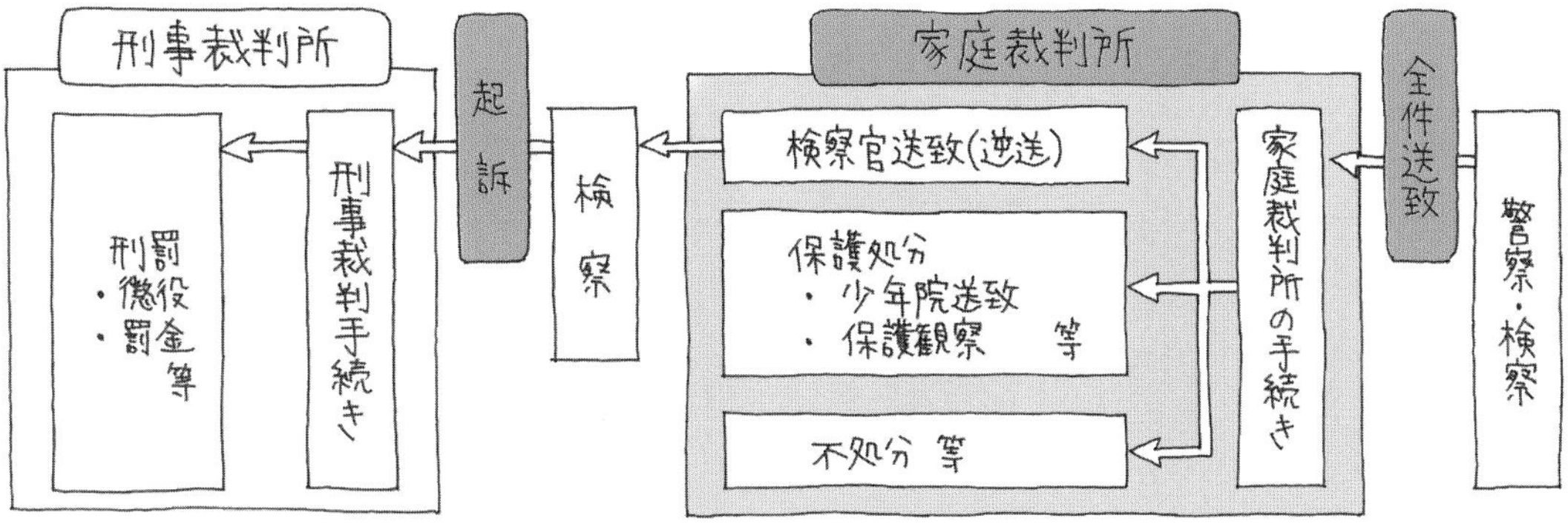

最終的には現実的な解決法を

無理やり被害者のところに子どもを連れていき、心のこもっていない謝罪をしてしまっては、むしろ誠意が見られないとされて事態は悪化するかもしれません。**子ども自身が非を認め、反省の色を示したら、誰に対して何を謝るかを引き出しましょう。**

以降の学校生活のことも考え、できれば学校関係者を間に入れて、お互いの言い分を素直に言い合える場をもつようにしたいです。被害者の親御さんが怒り心頭で、攻撃的な場合には、妥当な言い分に関してはひたすら謝ります。けれども子どもの本質を否定するなど不当な言い分や、被害者に都合のいいように事実がねじ曲げられて報告されている場合には、こちらの考えを伝え、子どもの名誉を守ることも大事でしょう。

さらに教育委員会や警察がからむ場合には、場合によっては弁護士に相談することも念頭に入れながら、悪い行為は認めつつも、子どもを信じ、常に味方であるという毅然とした姿勢で支えてあげましょう。

そして、それまでに積み重なった不安感、疎外感に加え、親に心配をかけてしまった罪悪感で子どものメンタルは弱っていますから、子どものメンタルケアにも精通したクリニックなどで、カウンセリングを受けてしっかりケアすることをお勧めします。

子どもが学校の先生と合わないとき

☑ 子どもとの日々の会話で先生との様子を聞き取る

☑ 先生に合わせる必要はないと子どもに伝える

☑ 先生に拒否反応が出たら不登校を選択する

子どもにとって学校の先生の存在とは

小学校における担任の先生は、今でこそ教科担任制が導入されつつありますが、全教科に近い授業を担当し、朝から夕方まで一緒に過ごす存在です。平日で考えれば家族より長時間接していますから、子どもが親以外で関わる大人として、先生の存在はとても重要になります。

不登校児童を対象にした文部科学省の調査結果では、最初に学校に行きづらいと感じ始めたきっかけとしてもっとも多かったのが「先生のこと（先生と合わなかった、先生が怖かった、体罰があったなど）」という回答でした。

この他「勉強がわからない（授業が面白くなかった、成績がよくなかった、テストの点がよくなかったなど）」という回答も多く、先生との関わりが不登校にも大きく影響していることがわかります（59ページ）。

私もかつて、小学校でいじめの対象になっていたときには、体育が不得意な私のことを先生も一緒になって笑い者にしていたので、いい印象はありません。最近では教員によるわいせつ行為など性犯罪の報道も多く、教育現場だからといって安心できない状況にあることを、不安に感じる親御さんも多いと思います。

先生との様子を日々の会話から聞き取る

子どもが先生に対して嫌悪感をもつようになったら、親としてどのように対応していけばよいのか。年齢差はあっても、人間対人間のことなので、相性の良し悪しはあります。一方的に先生を非難することはできませんから、子どもから話を丁寧に聞き取ることが必要です。

深刻に悩むようになると、話しに

くくなる傾向があるので、その日にあったことを夕食時の話題にするように習慣づけておくのが理想的です。そして、年度が変わったタイミングには新しい担任の先生についてどんな印象かを聞いて、日ごろから話題にしていくようにしましょう。

最初は感じのよい先生でも、生徒の個性が掴めて慣れてくると、生徒によって対応が変わり、贔屓をしたり、逆に目をつけて圧力をかけたりすることがあるかもしれません。

体育会系気質でやたらと根性論を押しつけるタイプ、中学受験には反対派で地元の中学進学を勧めてくるタイプ、スクールカーストの上位層を贔屓して、クラスをまとめようとするタイプなどがわかりやすい例でしょう。

新年度がスタートして最初の数週間は環境に慣れるまでのストレスがかかります。慣れたと思ったら今度は、自分に合わない先生からのストレスを受けるようになれば、夏休みまでがんばって登校しても、休み明けの2学期初日には学校に行きたくなくなるかもしれません。

1学期の様子を子どもから聞きながら、**常に共感し、ネガティブな感情をためこまないような心のケアをしてほしい**と思います。

中学受験絡みで不当な扱いを受けていたら

生徒の成績がよく、中学受験を目指していることを知ったとたんに、態度をコロッと変えてくる先生もなかにはいます。

受験戦争で人間性が歪むとか、合格しても性格の悪い連中に囲まれて勉強するより、地元の中学のほうが安心して勉強に集中できるなどと、知ったようなことを子どもに吹き込む中学受験反対派の先生がいまだに少なくありません。

口で言うだけならまだしも、受験勉強を妨害するかのように嫌がらせレベルの課題を出したり、クラスの係を押しつけたり、断ろうとすれば内申書に響くからと脅すような圧力をかけてくることもあるそうです。

こうした話を子どもから聞いた場合には、不当な扱いに腹が立ち、学校に乗り込みたくなる気持ちもわかりますが、取り乱して受験に集中できなくなっては相手の思う壺です。

まずは、先生の言っていることを真に受けてはいけないと子どもに伝えて、平常心を保つことに努めましょう。

学校や教育委員会に訴え出るのは得策か？

昔は先生や学校側の立場のほうが強く、子どもや親が従ったり、合わせたりするのが当たり前でしたが、今の時代は生徒側の立場が強く、不当な扱いをされていることを訴え出れば勝てる可能性は高いと思います。

しかし、多くの場合、不当な行為をしている先生は、子どもを不快にしている自覚がありません。仮に学校や教育委員会に訴えたところで、「これからは気をつけます」と述べるにすぎず、そのことで逆恨みをされて、余計に子どもに圧力をかけてくることも考えられます。**次年度までの辛抱だと割り切ってやりすごし、自分のためになる勉強をしたほうが得策だと感じます。**

嫌がらせレベルの意味のない課題や義務なども、家庭にもち帰ってできるものに関しては、親が代わりに片づけてしまうくらいで私はいいと思います。

メンタルヘルスを第一に不登校という選択も

子どもが先生に対してひどく拒否反応を起こしていたり、学習に対するモチベーションが下がったりしている場合には、不登校という形をとって、家庭での学習に切り替えたほうが賢明かもしれません。

子どもの理解力に合わせた教え方ができるのは親であり、1～2年で担任から外れる先生に対し、親の場合には連続性のある教育が可能です。プロセスより結果を出すことを考えれば、学校に行くことにこだわる必要はありません。

「小学生の不登校について」（60ページ）でも詳しく述べていますが、文部科学省は不登校を容認しています。多くの学校で保健室登校の体制も整っています。教室で苦手な先生からの授業を無理して受ける必要もなければ、不当な扱いをする先生から認められないことで内申書に傷がつくようなこともありません。

1年だけの不登校であれば、その先生のせいにもできますから、中学受験をする子どもにとっては不利ではなく、かえって学力向上にもつなげられるでしょう。

「今年度は変な先生に当たっちゃったね」くらいの気持ちで、その都度、立ち回っていけばいいという余裕を見せることが、子どもにとって大きな支えになります。

小学校に最初に行きづらいと感じ始めたきっかけ
（対象：小学6年生児童生徒と保護者／複数回答可）

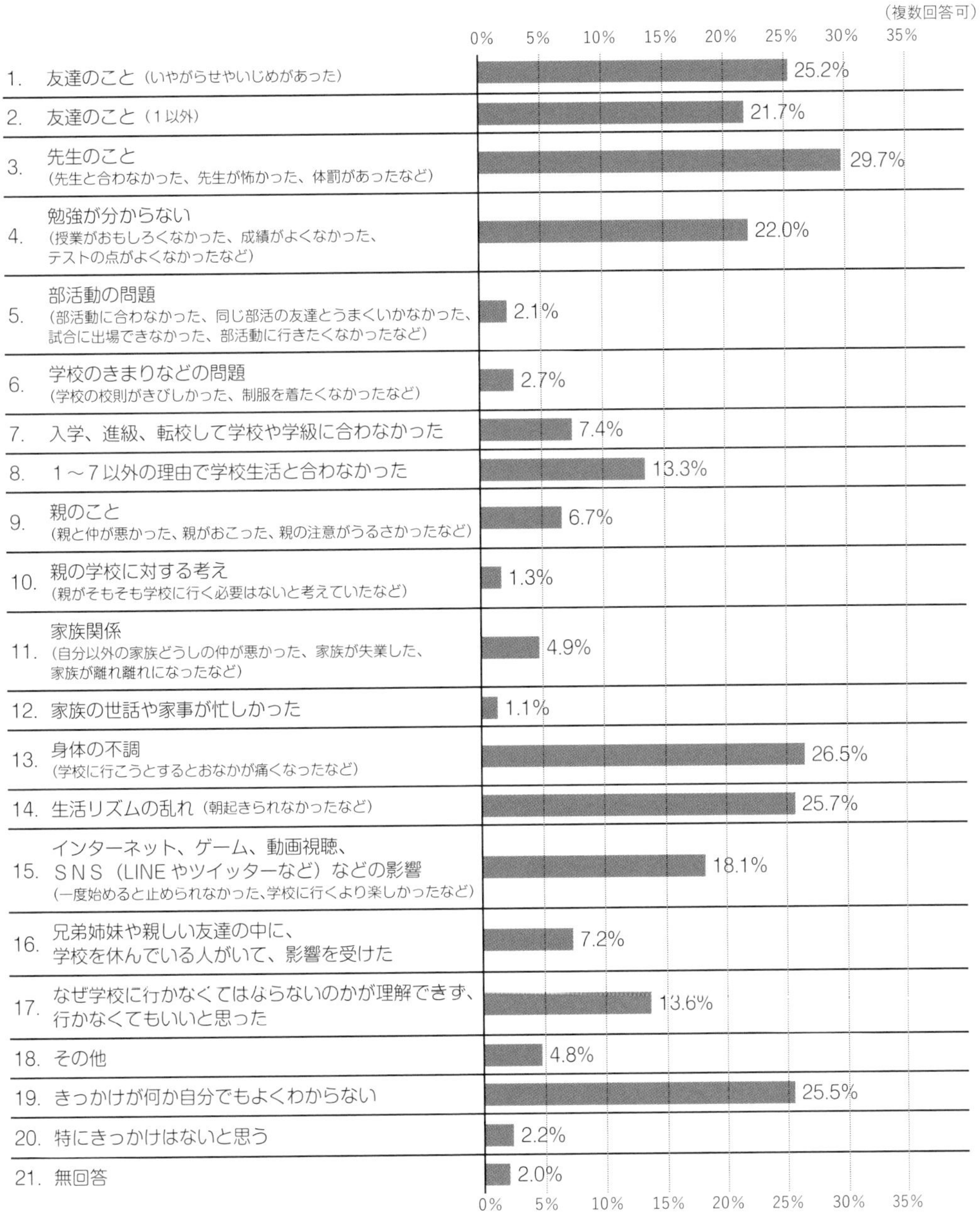
（複数回答可）
0%
5%
10%
15%
20%
25%
30%
35%
1. 友達のこと（いやがらせやいじめがあった）
25.2%
2. 友達のこと（1以外）
21.7%
3. 先生のこと（先生と合わなかった、先生が怖かった、体罰があったなど）
29.7%
4. 勉強が分からない（授業がおもしろくなかった、成績がよくなかった、テストの点がよくなかったなど）
22.0%
5. 部活動の問題（部活動に合わなかった、同じ部活の友達とうまくいかなかった、試合に出場できなかった、部活動に行きたくなかったなど）
2.1%
6. 学校のきまりなどの問題（学校の校則がきびしかった、制服を着たくなかったなど）
2.7%
7. 入学、進級、転校して学校や学級に合わなかった
7.4%
8. 1～7以外の理由で学校生活と合わなかった
13.3%
9. 親のこと（親と仲が悪かった、親がおこった、親の注意がうるさかったなど）
6.7%
10. 親の学校に対する考え（親がそもそも学校に行く必要はないと考えていたなど）
1.3%
11. 家族関係（自分以外の家族どうしの仲が悪かった、家族が失業した、家族が離れ離れになったなど）
4.9%
12. 家族の世話や家事が忙しかった
1.1%
13. 身体の不調（学校に行こうとするとおなかが痛くなったなど）
26.5%
14. 生活リズムの乱れ（朝起きられなかったなど）
25.7%
15. インターネット、ゲーム、動画視聴、SNS（LINEやツイッターなど）などの影響（一度始めると止められなかった、学校に行くより楽しかったなど）
18.1%
16. 兄弟姉妹や親しい友達の中に、学校を休んでいる人がいて、影響を受けた
7.2%
17. なぜ学校に行かなくてはならないのかが理解できず、行かなくてもいいと思った
13.6%
18. その他
4.8%
19. きっかけが何か自分でもよくわからない
25.5%
20. 特にきっかけはないと思う
2.2%
21. 無回答
2.0%

出典：文部科学省「令和2年度不登校児童生徒の実態調査」

小学生の不登校について

- 学校に行きたがらない子どもを受け止める
- 安心できる居場所で学力をつけさせる
- 定期的に専門家に相談する

小学生の不登校が８万人に増加

「不登校」とは、一般的には学校に登校しない状態のことを指しますが、文部科学省の定義では、30日以上の欠席を「長期欠席」とし、そのなかでも「何らかの心理的、情緒的、身体的、あるいは社会的要因・背景により、児童生徒が登校しない、あるいはしたくともできない状況にある者（ただし、『病気』や『経済的理由』による者を除く）」としています。

不登校の原因は、59ページの調査報告「小学校に最初に行きづらいと感じ始めたきっかけ」の回答にもあるように、友だちや先生との関わりなど人間関係を筆頭に、成績不振、ネットやゲーム依存、学校に行こうとするとお腹が痛くなるといった身体の不調、きっかけがよくわからない、などの回答も報告されています。

小・中学生の不登校児童生徒数は年々増加傾向にありますが、新型コロナウイルスによる緊急事態宣言が発出された２０２０年以降、増加の勢いが増し、２０２１年度には小学生の不登校は８万１４９８人、中学生では16万３４４２人にも及んでいます（図１）。

コロナ禍の一斉休校が不登校を増やすことに

緊急事態宣言に伴う一斉休校が行われ、子どもたちはそれまで当たり前に登校していたのに、突如、自宅から出ることができない生活を強いられました。

学校側がオンライン授業の準備を整えるまでの間、授業の代わりに配布された課題のプリントや、配信動画を試聴する形での家庭学習をしながら過ごしていたはずです。

もともとＩＣＴ（情報通信技術）を取り入れた授業が、１人に１台端

図1 不登校児童生徒数の推移

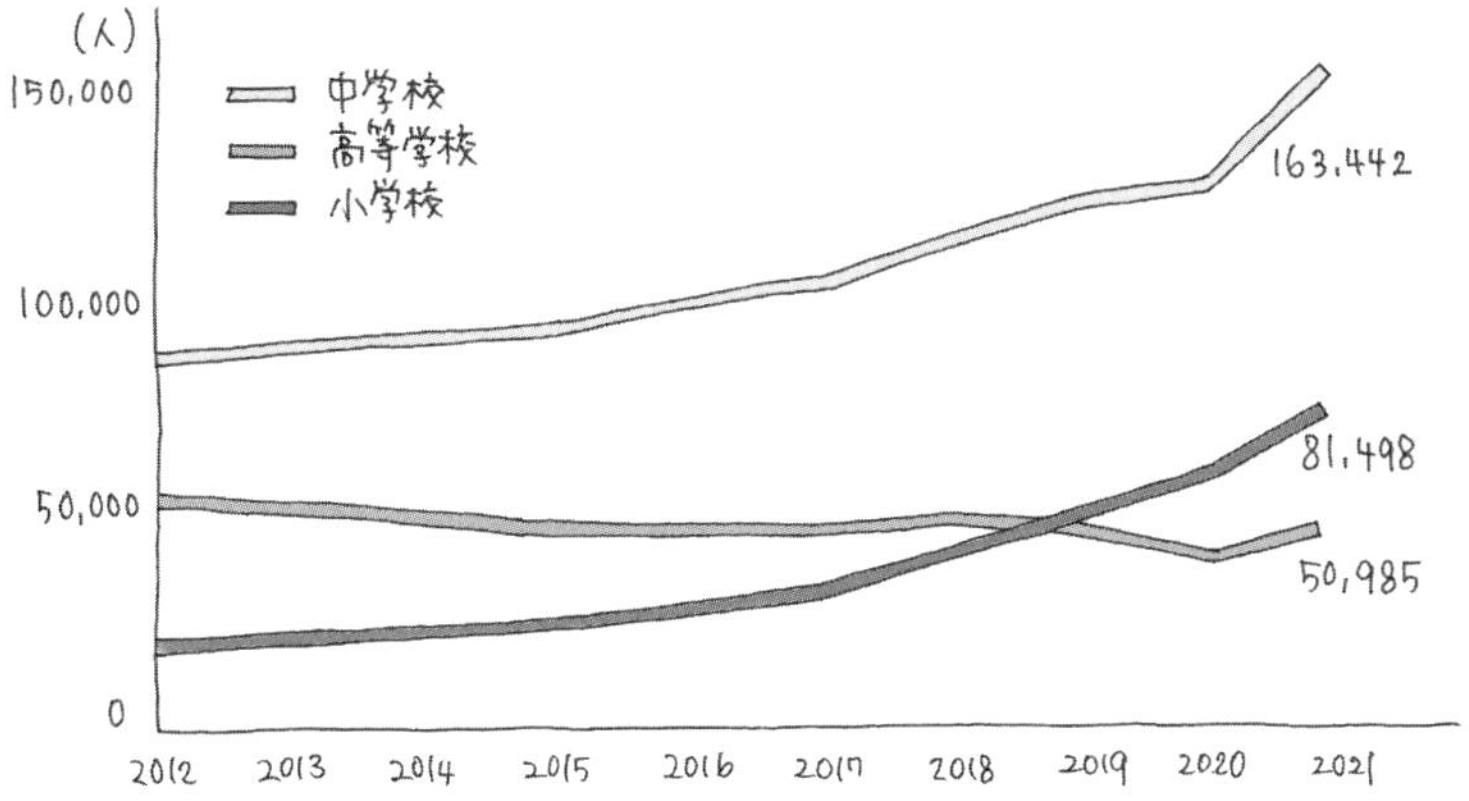

図2 いじめの認知件数

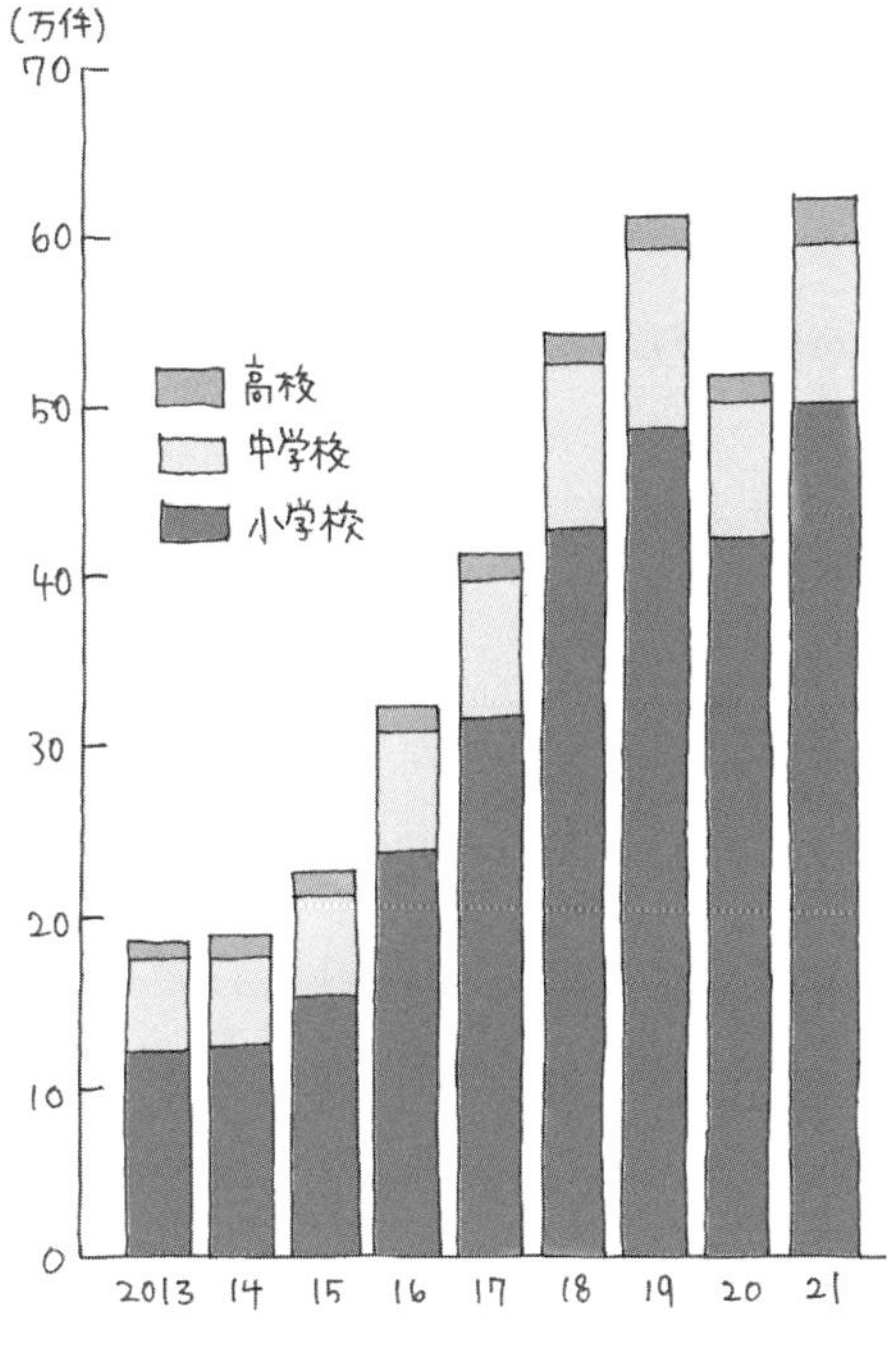

図3 自殺した児童・生徒

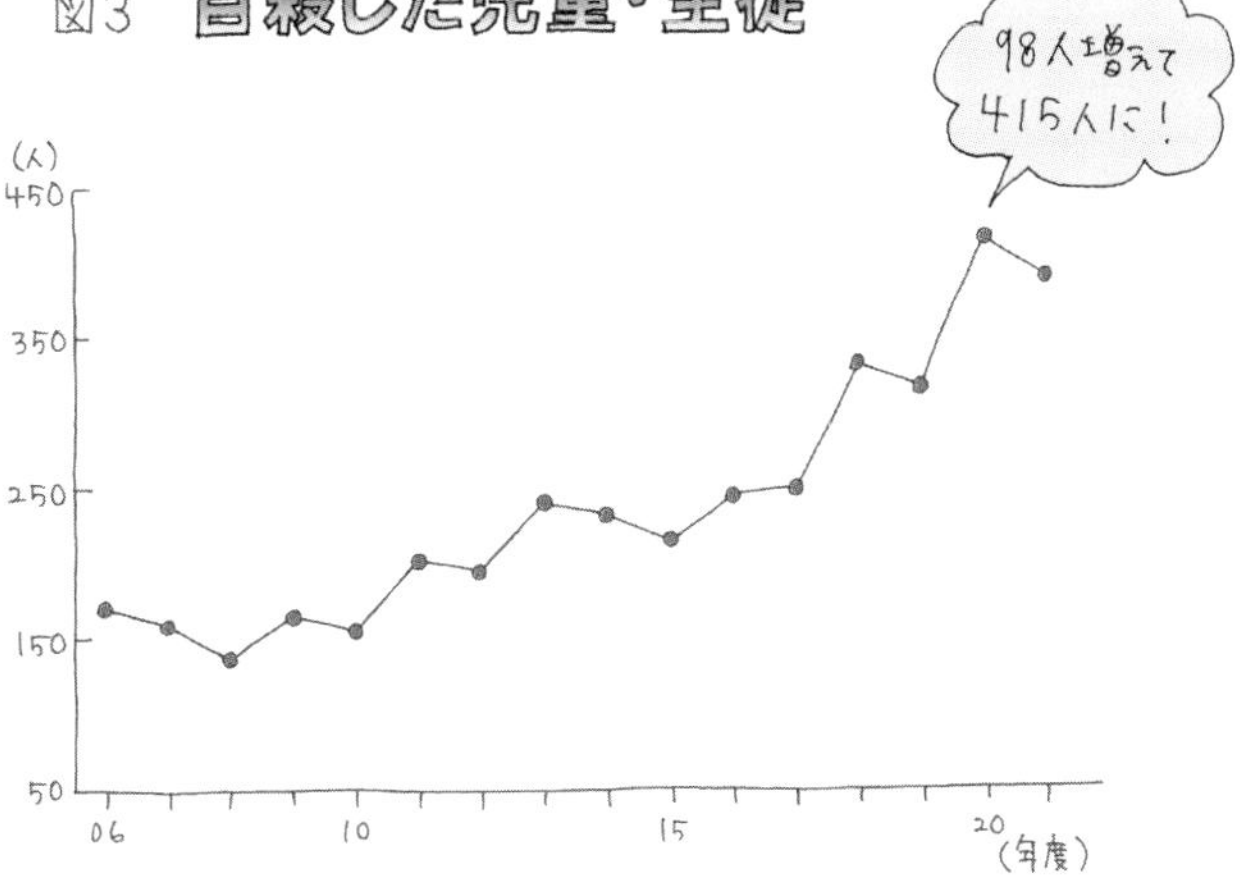

出典：図1〜3はすべて文部科学省「令和3年度児童生徒の問題行動・不登校等生徒指導上の諸課題に関する調査」（国公私立小・中・高等学校対象 ※2013年度から通信制高校を含む）

末を配布することで始まっていた学校も多く、オンライン授業の導入が割と進んでいった印象があります。コロナ禍で必要に迫られたことで、ICTの実用化が一気に進んだ結果となりました。

オンライン授業や家庭学習をするなかで、「友だちや先生に直接会わなければ、こんなにも気持ちが楽なんだ」と感じた子もいたことでしょう。学校に行くことが辛いと気づいたことにより、一斉休校が明けても登校できない子どもが続出。その結果、不登校の児童生徒数が顕著に増加したのだろうと想像します。

いじめは減っても自殺が増えた背景

一斉休校が行われた2020年度は、いじめの件数が減った年でもありました（図2）。しかし、いじめが減ることで自殺に追い込まれる児童生徒が少なくなるかといえば、実際にはそうではありませんでした。

2020年度の児童生徒の自殺者数は、前年度から98人増えて415人です（図3）。これは、子どもの自殺の最大の理由が「いじめ」ではないことを意味していると考えられます。2020年度に自殺した児童生徒が置かれていた状況についての調査（文部科学省）では、「いじめの問題」を抱えていたという比率は3%ほどで、それ以上に比率を占めたのは次のような結果でした。

- **家庭不和**……12・8%
- **父母等の叱責**……8・0%
- **学業等不振**……4・8%
- **進路問題**……10・6%
- **友人関係での悩み（いじめを除く）**……8・0%
- **病弱等による悲観**……3・1%
- **えん世（世の中を価値のないものと悲観）**……5・3%
- **精神障害**……11・1%

「家庭不和」や「父母等の叱責」などが高いパーセンテージを示しています。これは、休校になることにより増加したのではないでしょうか。家庭での生きづらさがより強まって、子どもは逃げ場を失います。**学校が辛くて不登校になる子どもが増える一方で、家庭が辛くて「死」を選ぶ子どもも少なくないということを、私たち大人はしっかりと受け止めて、子どもたちを守らなくてはいけません。**

教室での授業一択ではない、そのうえで今後を話し合う

学校に行きづらい原因が何にせよ、**無理のない範囲で学びを継続することが基本です。** 学校を欠席することで勉強が遅れたままになれば、授業についていけず、不登校にもなりやすくなるでしょう。

多くの学校では保健室登校が認められており、出席扱いにもなります。

小学生レベルの勉強であれば、保健教諭に教えてもらうことも可能ですし、孤独を感じずに過ごせることがメンタルヘルス的にも重要です。

保健室で学習課題に取り組めば、スクールカウンセラーやスクールソーシャルワーカーとの連携も取りやすいので、状況によっては精神科医など専門家に相談する橋渡しもできます。保健室登校で様子を見ながら、今後のことを相談していくのがよいのではないかと思います。

親が心配すればするほど子どもにストレスがかかる

保健室登校も少しハードルが高いと感じた場合には、とにかく自宅で静かに過ごすことを優先したほうがいいでしょう。

ママ友から入手した情報をあれこれ伝えなくても、本人が学校の様子に興味があれば、連絡を取りやすい友だちとやりとりをしているでしょうし、仮に中学受験に不利な状況になったとしても、大学受験で挽回すればいいのですから、**学校に行かせようと圧力をかけず、ひたすら待つことが大切です。**

子どもの将来を心配しているつもりでも、子どもにとっては愛情が重すぎてストレスとなり、不登校を余計に長引かせることにもなりかねません。

また、きょうだいがいる場合には、不登校の子の心配ばかりしていては、きょうだいのメンタルヘルス的にもよくありません。子どもへの愛情は公平であるべきです。

気楽に過ごしていくなかで気持ちが落ち着き、ふらっと「学校に行ってみようかな」という気分になって、登校できたという子も大勢います。

行政は不登校を容認し、整備を進めることを宣言

文部科学省は2023年3月に、誰一人取り残されない学びの保障に向けた不登校対策として「COCOLOプラン」を打ち出しました。

目指す姿❶
不登校の児童生徒すべての学びの場を確保し、学びたいと思った時に学べる環境を整えます。

目指す姿❷
心の小さなSOSを見逃さず、「チーム学校」で支援します。

目指す姿❸
学校の風土の「見える化」を通して、学校を「みんなが安心して学べる」場所にします。

授業に関する主な内容では、不登校特例校や校内教育支援センター（スペシャルサポートルーム等）、教育支援センター等、多様な学びの場や居場所が確保され、オンライン等で授業や支援につながることができ、学校に戻りたくなったら、クラ

関連用語

【不登校特例校】

学校に行きづらい児童生徒のために、通常の学校より授業時間数が少ないなど、柔軟に学ぶことができる学校（小・中・高等学校等）のことです。

【教育支援センター】

各地域の教育委員会が開設していて、児童生徒一人一人に合わせた個別学習や相談などを行ってくれる場所です。市の施設など、公の建物の中にあることが多く、利用料は基本的に無料です。

【校内教育支援センター】

学校には行けるけれど自分のクラスには入れない時や、少し気持ちを落ち着かせてリラックスしたい時に利用できる、学校内の空き教室等を活用した部屋のことです。児童生徒のペースに合わせて相談に乗ってくれたり学習のサポートをしてくれたりします。

【スクールカウンセラー】

児童生徒の心のケアや、ストレスへの対処法など心に関する授業を行う心理の専門家で、教育委員会から学校などに派遣または配置される方のことです。臨床心理士などの資格をもっている方が多いです。

【スクールソーシャルワーカー】

児童生徒やその保護者に福祉・医療的な支援が必要な場合に、福祉の窓口につないでくれたり、手続きの補助などをしてくれたりする福祉の専門家で、教育委員会から学校などに派遣または配置される方のことです。社会福祉士や精神保健福祉士などの資格をもっている方が多いです。

【チーム学校】

教師と、スクールカウンセラー、スクールソーシャルワーカー等の専門性をもつ職員が、一つのチームとして連携・分担して児童生徒の支援等にあたるとともに、学校と地域・関係機関とが連携・協働して、社会全体で支援を充実させていくことが求められています。

文部科学省「誰一人取り残されない学びの保障に向けた不登校対策（COCOLOプラン）」資料より

スを変えたり、転校したり、本人や保護者の希望に沿った対応ができる仕組みが、今後練られて整備されていくようです。

この数年で、オンラインでできることの手応えを、多くの人が身をもって実感したはずです。どこにいても仕事ができる「テレワーク」や「ワーケーション」のように、教室にいる児童生徒と、自宅などにいる児童生徒が、オンラインを介して一緒に授業を受けられる日が、近々訪れるかもしれません。

不登校から ひきこもりに移行したら？

不登校状態が6ヵ月を超えて、ほとんど自室から出ない、さらには家から出ないような場合には、厚生労働省が定義する「ひきこもり」に該当します（次ページ）。

けれども不登校の小学生の多くは、学校には行きたくないけれど、

ひきこもりの定義（厚生労働省）

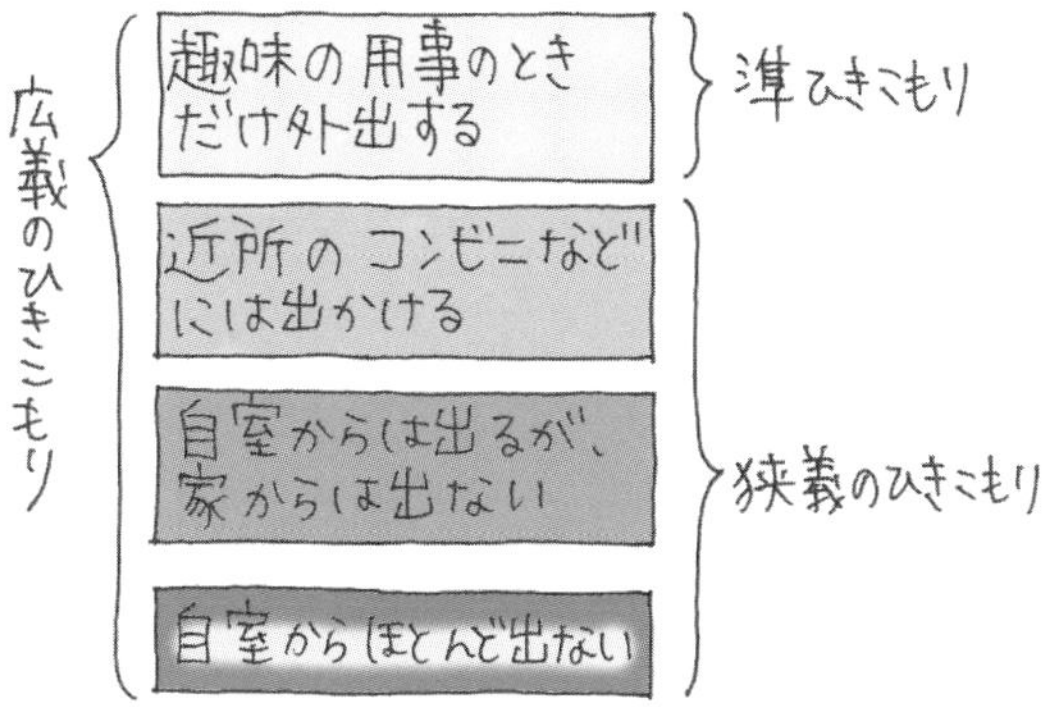
広義のひきこもり
趣味の用事のときだけ外出する
近所のコンビニなどには出かける
自室からは出るが、家からは出ない
自室からほとんど出ない
準ひきこもり
狭義のひきこもり

さまざまな要因の結果として社会的参加（義務教育を含む就学、非常勤職を含む就労、家庭外での交遊など）を回避し、原則的には6ヵ月以上にわたって概ね家庭にとどまり続けている状態（他者と交わらない形での外出をしていてもよい）を指す現象概念である。

出かけることには抵抗がない場合も多く、ひきこもり状態だという自覚があまりないかもしれません。

しかし、ひきこもり状態にある大人のなかには、不登校をきっかけにひきこもりに移行した人もいます。ネット依存、ゲーム依存、スマホ依存などで昼夜逆転生活に陥れば、学校や社会への復帰は非常に困難です。

不登校は容認しても、生活習慣は極端に崩さず、いつか学校に戻れるように、また受験に臨めるように学力だけは身に付けておきましょう。

家族以外の人との接点をもつ意味でも、家庭教師、個別塾などを利用するのも有効です。自信がつくことで、入学や進級のタイミングに、ひきこもり生活から抜け出るケースもあります。

ただし、**ひきこもりの場合には発達障害や精神疾患が影響している場合も考えられますので、定期的にスクールカウンセラーなど専門家に相談しながら、場合によっては小児精神科を受診するなど、臨機応変に、そしてあまり気負うことなく向き合ってほしい**と思います。

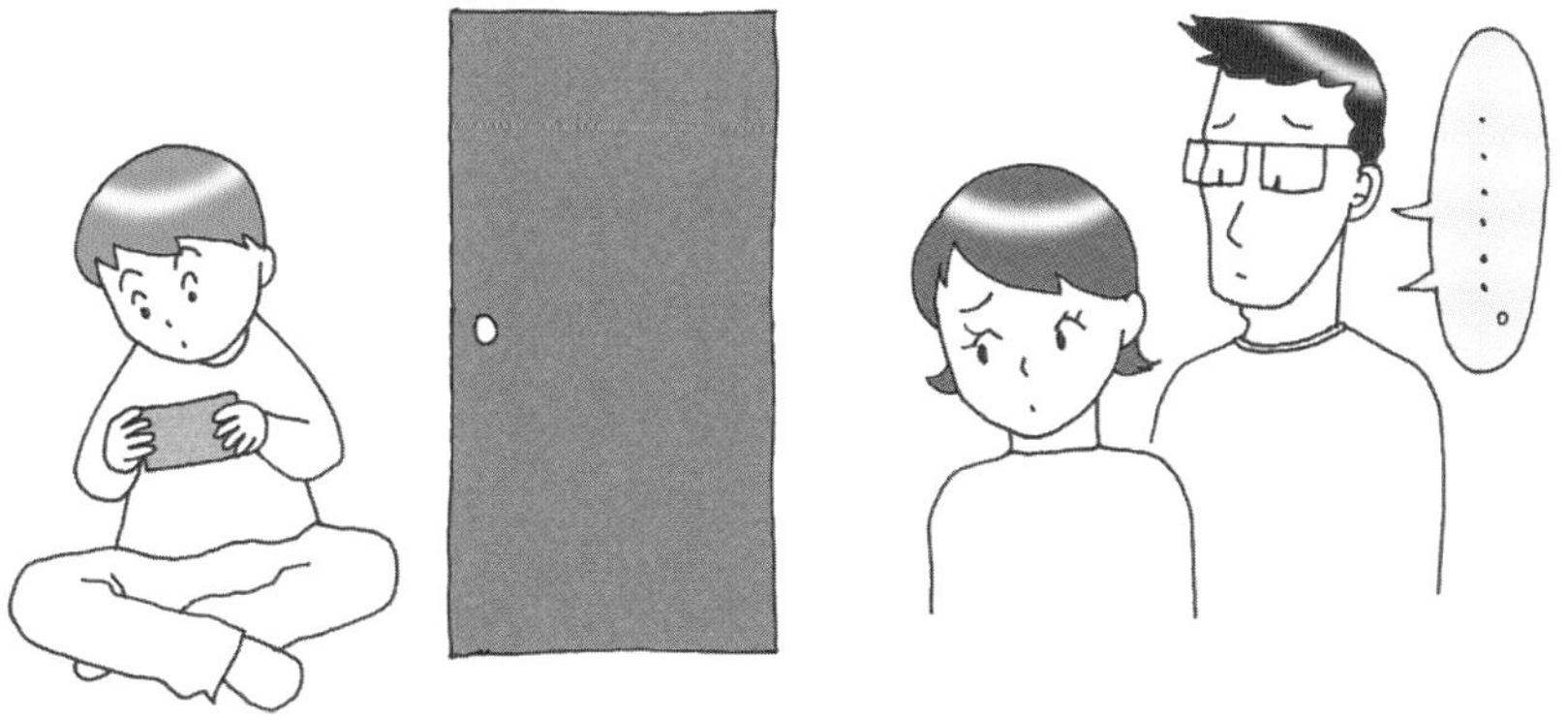
……。

ストレスに強くなるには

- 物事の見方や考え方を変えてストレス耐性を向上させる
- 自分の力で乗り越えたという成功体験をさせる

現代の子どもが抱えるストレスとは

ストレス社会が常態化してしまっている現代では、子どもたちも日々ストレスにさらされています。特に、**「スクールカースト」のような同級生や仲間同士の序列が生じることによって、同調圧力に支配されるようになり、空気を読まないと嫌われるという不安を常に抱えています。**

ＬＩＮＥの既読スルーをきっかけに異分子と見なされて、いじめのターゲットになってしまう、あるいは同調圧力でいじめる側に加担しているような環境下で、自分を偽って過ごしている子どものストレスは、現代特有のものと言えると思います。

こうした序列ができるようになった背景には、文部科学省の教育改革の影響があると思っています。教科の成績はペーパーテストの点数の評価だけでなく、「新学力観」とされる授業態度や発表などの表現が重視されるようになり、希望する学校を受験して合格するには、学校内で「いい子」を演じ、教師の目を気にして、授業中の空気を読まなくてはいけなくなりました。

大学受験においても筆記試験のない総合型選抜（旧ＡＯ入試）枠は増える傾向にあり、調査書や面接での評価を上げるためのテクニックを競う受験がストレスとなっているケースも少なくないと思います。**現代は学力をつけるのと同時に、ストレスに対する強さも求められる時代です。**

善玉ストレスと悪玉ストレス

勉強でもスポーツでも、目標を立てて厳しいノルマを課し、自分を追い込むことで高い成果を上げることにつながる場合もあります。

次ページの「ストレスと生産性」

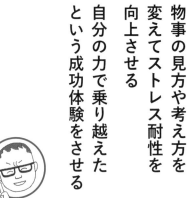

のグラフで示してあるように、当初はストレスレベルが上がるにつれて生産性も上がり、ある段階までいくと生産性は下がっていきます。このようにストレスはパフォーマンスを向上させる「善玉ストレス」にもなり得ますが、度を超えたり、合わなかったりすると、良い結果を出すことなく、心身に大きな負担をかけるだけの「悪玉ストレス」となります。**ストレスを軽減しつつ、目標をあきらめない方法を学ぶことが「ストレスマネジメント」です。受験に挑むにあたっては、この適正範囲を見極めながらストレスを乗り越える力を身につけられるよう、適切なストレスマネジメントをしていくことが求められます。**

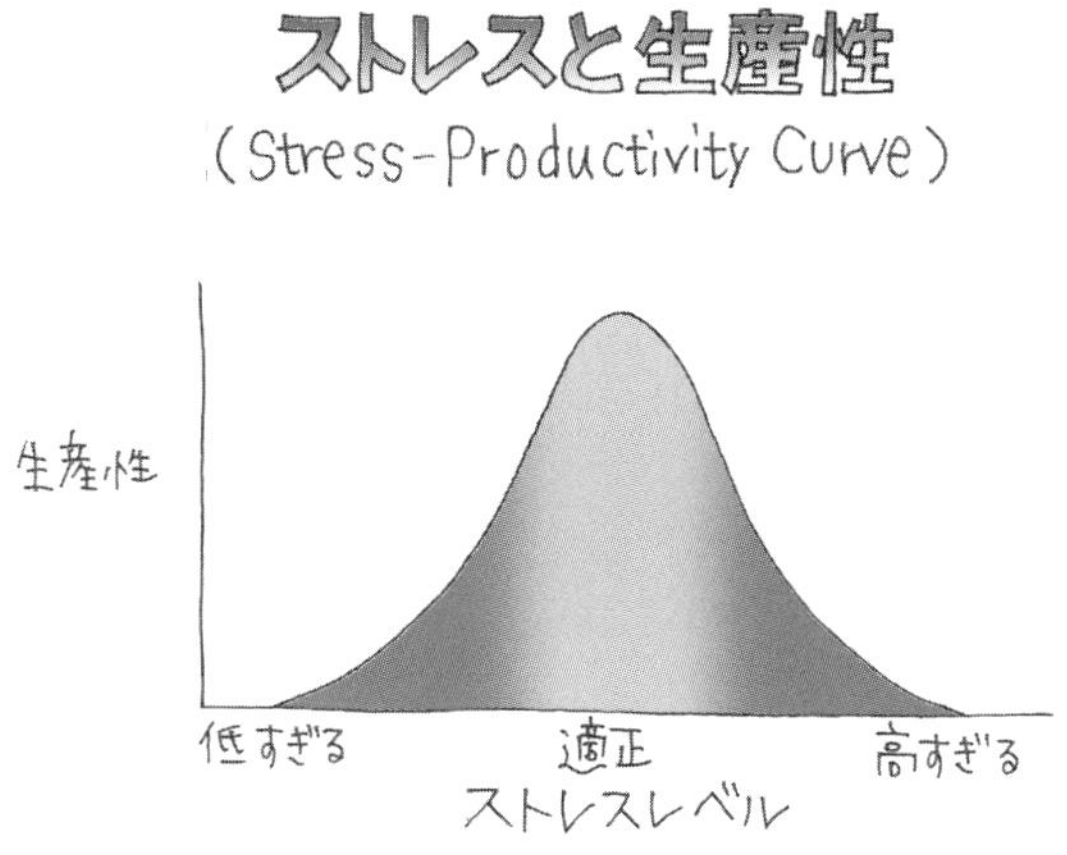

受験ストレスを感じやすいタイプとは

同じように受験に取り組んでいても、ストレスの感じ方が大きく違うのはなぜなのでしょうか。

ストレスに翻弄されすぎずに元の状態に戻ろうとする力（ストレスに対する抵抗力）を「ストレス耐性」といいますが、主に次の3つの要因によってストレス耐性が異なるため、一人ひとりの負荷が変わってきます。

【要因①素因（体質）】

脳科学の知見によると、ストレスは脳の前頭葉（前頭前野）の神経回路にダメージを与えるという研究結果が出ています。ストレスを受けて前頭葉の機能が低下している、あるいは成長段階にあり、前頭葉の機能が未発達な人はストレス耐性が弱く、うつになりやすいと考えられます。

【要因②認知の問題】

心理学では「強迫性格」といいますが、「100点でなければ0点と同じ」などと完全主義的な考え方や、悲観的な考え方に縛られ、他の可能性を失っていることが影響します。

【要因③知識（方法論）の不足】

ストレスを乗り越えるための方法論が他にあることを知らないために「とにかく勉強時間を増やし、寝ないで勉強する」などと、効率の悪い方法にこだわることが影響します。

要因①に対しては、要因②と③の対処法で前頭葉機能を高めることも期待できますが、明らかにうつ症状が疑われる場合には早めに児童精神科などの受診をし、必要な治療を受けるようにしてください(72ページ)。

認知を変えて ストレスを和らげる

要因②に挙げた「認知」の問題は、ものの見方や考え方を変えていくことによってストレス耐性を高めていくことができます。うつ治療においても、認知の歪みを修正する認知療法が施されますが、心に悪い考え方に縛られないように、家庭内でも日常的にケアしていくことが望ましいとされています。

認知の歪みのパターンを次ページにまとめていますが、**思い込んでいる悲観の部分に根拠がないことを具体的な情報を出してわからせたり、悲観的事実と子ども本人のことを切り離して考えさせたりすることを意識して話すようにしましょう。**

例えば「このまま成績が落ちて、どこにも合格できなくなる。人生、終わった」と不安で勉強どころじゃなくなったなら、「実際には成績が落ちていない」ことや「これまでの蓄積があるから、まったく点がとれないことはないし、人生は終わらない」という事実を説明します。

大人になり、失恋して落ち込みが激しいときにも、日本国中にいる独身の異性の人数や年齢分布を挙げて「いい人が見つかる可能性はゼロではない。むしろこれからの出会いに期待できる」というような伝え方で、悲観的なこだわりを外していくような方法が有効です。

ストレスを上手に受け入れて 乗り越える体験を

要因③に「知識の不足」を挙げましたが、やみくもに勉強時間を増やしてもよい成果は期待できません。

親が「こんなことでへこたれるな」「私たちが若いころはもっと厳しい条件で、もっと勉強していた」と根性論を押しつけること、逆に「かわいそうだから、やめさせよう」と避ける形で守ることは、子どものためになりません。ストレスは減らすより上手に受け入れることが重要であるという考え方がこれからの主流です。

お父さん、お母さん自身が「やってみなければわからない」「いろいろな方法がある」「失敗したら次に成功すればいい」「正解はひとつではない」という考え方に切り替えることも大切です。

そのうえで勉強法を変えたり、人に相談したり、カウンセリングを受けたりという方法を駆使しながらストレスを切り抜ける経験は重要です。その後の人生で「この程度のストレスなら大丈夫」と思うことができます。**できるだけ家族が協力して子どもを支え、「大変だったけれど自分の力で乗り越えられた」という成功体験にさせてあげたい**ものです。

心に悪い考え方［認知の歪み］

二分割思考 (dichotomous thinking)	互いに相反する極端なふた通りの見方で物事を判断し、「中間の灰色の部分」がない。 〔例〕周囲の人を敵か味方の二つに分けてみる。味方と思っていた人が自分を批判したら「裏切った」と思う。
過度の一般化 (overgeneralization)	特定の出来事を、多くの出来事の中の一つとして見ないで、一般的な特徴であるとみなす。 〔例〕14 歳の少年による殺人事件報道がたった 1 件あっただけで、「今の 14 歳はすべて怖い」と思ってしまう。
選択的抽出 (selective abstraction)	複雑な状況のある特定の側面に注意を注いでしまい、その状況に関係のあるほかの側面を無視する。 〔例〕悪い点が一つでもあると「アレはダメだ」と決め付ける。あるいは相手のいい点を一つでも見つけると「いいやつだ」と決め付け騙される。
肯定的な側面の否定 (disqualifying the positive)	否定的な人生観と相反するような肯定的な経験を「大したことではない」などと言って否定する。 〔例〕友人や同僚から肯定的な反応を得たとしても、「皆は親切からそう言っているだけだ」と考える。
読心 (mind reading)	相手の気持ちを勝手に決め付けてしまう。支持するような証拠がないのに、他人が否定的な反応をしていると思ってしまう。 〔例〕他の人々は礼儀正しくふるまっているのに、「あの人は私のことを間抜けだと思っていたのを私はよく承知している」などと考える。
占い (fortune-telling)	将来の出来事に対する否定的な予測を、まるで確立された事実のようにとらえて反応する。 〔例〕「あの人はきっと私を見捨てるのだ」と考えて、それが絶対の真実のように振る舞う。
破局視 (catastrophizing)	将来生ずる可能性のある否定的な出来事を、事実関係を正しく判断してとらえるのではなく、耐えることができない破局のようにみなす。 〔例〕気を失うのは不愉快で気まずいことかもしれないが、必ずしもひどく危険なことではないと思わずに、「一体、気を失ったらどうしよう」などと考える。
縮小視 (minimization)	肯定的な特徴や経験が、実際に起きたことは承知しているのに、取るに足らないものと考える。 〔例〕プロジェクトが成功したにもかかわらず、「大したことはない」と思って素直に喜ばない。
情緒的理由づけ (emotional reasoning)	感情的な反応が必ず実際の状況を反応していると考える。 〔例〕絶望感を覚えているからといって、状況も実際にまったく希望がないものであると決めてしまう。
「～すべき」という言い方 ("should" tatements)	「～すべきである」「～しなければならない」という言い方が、動機や行動を支配している。 〔例〕「人に頼ってはいけないのだ」と思い込んでいて、公的な福祉サービスを受けない。
レッテル貼り (labeling)	ある特定の出来事や行為に言及するのではなく、自分自身に大雑把なレッテルを貼ってしまう。 〔例〕たった一度フラれただけなのに「自分はモテない最低の男だ」とレッテルを貼って結婚することをあきらめてしまう。
自己関連付け (personalization)	他の数々の要因が関連しているのに、自分こそがある特定の出来事の原因であると考える。 〔例〕うまくいけば「自分のおかげ」と思い有頂天になるが、失敗すれば「自分のせいだ」と落ち込む。

出典：『認知療法臨床ハンドブック』高橋祥友訳（金剛出版）より

子どもにとっての遊びとは

- 本人がリラックスできる時間がもてていればOK
- 趣味の合う友だちを探して交流を図ってみる
- 習い事で試してみる

遊ばない子どもについて

「子どもが遊ぶことが苦手なのですが、異常でしょうか?」といった質問を受けることがあります。

勉強を軸に据えながら、適度に遊ぶことを許容していても、友だちと外遊びをするでもなく、かといって友だちと家に集まってゲームをするでもない。そのため、〝子どもらしさがない〟と心配されています。

そもそも、子どもにとっての遊びとは何でしょうか。幼児期であれば、ビタミンDが欠乏しないように、また体力をつけるために外で動き回ることは大切です。遊びながら友だちとの関わりを学ぶ要素も強いです。

けれども思春期を迎えるころの遊びというのは、本人が楽しめているか、リラックスできているかが重要で、遊んでいないように見えても、ノートの隅に漫画やイラストを描いたり、図鑑を眺めたりする息抜きの時間は遊んでいることと同じです。

自然のなかで思い切り遊ばせてやりたいとキャンプに連れ出したり、話題のアトラクションを体験しにテーマパークに通ったりしても、親の趣味に付き合わせているだけの可能性もあります。心理的リラックスを得られる時間をもてているのならあまり心配する必要はないでしょう。

遊ぶことが嫌いな理由を探す

私も子どものころに友だちとワイワイ遊んだ記憶がないのでその気持ちがわかるのですが、なかには友だちと一緒に遊ぶことがむしろストレスになる子もいます。

同級生でも成長に差があるので、精神年齢が高い場合には、周りの子が楽しめている遊びでも、自分にはつまらなく感じます。逆に、運動が苦手、カードゲームが苦手など、その遊びが下手な場合には楽しむことができません。嫌いな子がいる遊び仲間に加わりたくないというケースもあるでしょう。他者と関わりながら遊ぶことも意味のあることですが、同調がしんどいと感じるなら無理に一緒に遊ぶ必要はありません。

　自分の遊びたいことがオタク的、あるいはマイナーで周囲に話が合う人がいないということもあるかもしれません。その場合には、**SNSで発信している人、関連する企業が運営するイベント情報などを見つけることで、他者との交流を図るきっかけになります。**まずは親が調べて交流のお膳立てをし、介入をしながら見守るようにしましょう。

勉強が遊びになっている子どももいる

　仕事が趣味だと豪語し、ときには大変そうにしながらも、概ね楽しく仕事に励んでいる大人は意外と多いです。研究者などはまさしくそうで、好きが高じて人生のすべてを研究に捧げているような方もおられますし、昨今は大学生で起業し、仲間と果敢に挑む若者も増えています。

　子どもにとっても、勉強が心底楽しいという場合もあります。問題が解けること、点数やランキングで上位に君臨することの快感は、ロールプレイングゲームでステージを次々と突破し、最強プレイヤーになっていくのと近い感覚があります。

　また、**特定の分野に強い関心がある場合には、勉強すればするほど知的好奇心が満たされて、楽しむための勉強になっている場合もあります。勉強を遊び感覚でできることは理想的です。**将来の展望を意識しながら応援してあげましょう。

子ども本人が楽しめるものを探す

　長い人生、遊びの選択肢はいろいろとあったほうがよいという考えもあります。自分に何が合っているかを見つけるために、お試し程度の気持ちで習い事をいろいろかじってみてもいいと思います。それがいつか芽を出して、大人になってからのかけがえのない趣味につながる可能性もあります。出かけた先でたまたまやっていたワークショップにふらっと参加してみたら、その内容にハートを射抜かれて、夢中になることもあるかもしれません。

　大人からしてみたら、こんなことが楽しいの？　と不思議に感じることでも、子どもにとっては熱中できたり、リラックスできたりする貴重な時間かもしれません。このリラックスが重要なのです。

　一日がつまらない、生きることがつまらないと思わないためにも、子どもがリラックスできる時間をしっかりと確保しましょう。

小学生のうつ病について

- 毎朝の子どもの様子で体調をチェックする
- うつ症状を確認したらメンタルケアを最優先
- 専門家に相談し必要な治療を施す

子どものこころのSOSサイン

「ストレスに強くなるには」（66ページ）でも述べた通り、子どもにとっても現代は非常にストレスフルな社会です。**いじめや不登校の当事者でもなく、また、特に悲しいことが起こったわけでなくても、環境の変化や小さなストレスが積み重なって、知らず知らずのうちにうつ病を発症しているケースが多くあります。**

うつ病はこころの病ですが、身体の不調が中心になる場合もあります。うつ病が疑われるサインとしては、次のような不調が一般的です。

- 食欲がない
- 性欲がない（大人の場合）
- 睡眠障害
（眠れない、過度に寝てしまう）
- 体がだるい、疲れやすい
- 頭痛や肩こり
- 動悸
- 胃の不快感、便秘や下痢
- めまい
- 口が渇く

毎日、子どもと接していれば、表情が暗かったり、ぼーっとして反応が鈍かったり、逆に落ち着かずにふだんはしないようなミスをくり返すなど、様子の変化にも気づくのではないかと思います。

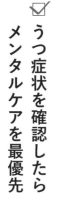

特に、**うつ病は朝に不調が出やすいため、朝食など登校前の時間帯のコミュニケーションで確認しやすい**という傾向があります。朝の調子がいまひとつであれば、「よく眠れなかった？」「たまには一緒におでかけでもしようか。私も気分転換したいから」などともち掛け、話すきっかけをつくることがストレスケアにつながるかもしれません。

また、うつ病になると、物事の見方や考え方が否定的になります。家族がやさしく接しても、反発してコミュニケーションが成り立たないこ

「うつ病」とは

一日中気分が落ち込んでいる、何をしても楽しめないといった精神症状とともに、眠れない、食欲がない、疲れやすいなどの身体症状が現れ、日常生活に大きな支障が生じている場合、うつ病の可能性があります。うつ病は、精神的ストレスや身体的ストレスなどを背景に、脳がうまく働かなくなっている状態です。 日本では、100 人に約 6 人が生涯のうちにうつ病を経験しているという調査結果があります。

参考：『こころの情報サイト』（国立研究開発法人国立精神・神経医療研究センター 精神保健研究所）より抜粋

ともあるかもしれません。**気分的な変化だけであれば反抗期が影響している可能性も考えられますが、体調の不調が出ている場合には、受診することも念頭に、まずはスクールカウンセラーに相談してみるとよいでしょう。**78ページにある、「うつ病の診断基準」と照らし合わせながら、気になることを事前にまとめておくようにすると相談しやすいです。

受診せずに様子をみる、という判断は危険

国立成育医療研究センターが行った「コロナ×こどもアンケート」調査のなかで、典型的な「うつ症状」がある太郎くんを例に挙げ、子ども自身が、うつ症状に関してどのようにとらえているかを調べたデータがあります（次ページ・図表1）。

ここでの太郎くんに対して「助けが必要」と答えた子どもは94％ですが、「あなたが太郎くんだったら？」と当事者の立場で考えた場合には、4割の子どもが「相談せず様子をみる」と答えています。

さらに、子どもたちの多くが、誰かに相談することに対し「気持ちを表現できなさそう」「真剣に聞いてもらえなそう」と不安に感じていることがわかります。

例に挙げている太郎くんのうつ症状は、明らかに中等度以上です。軽度であればスクールカウンセラーに相談して様子をみることも考えられますが、痩せてきているならば、早急にかかりつけの小児科や内科を受診しましょう。そのうえで、児童精神科を紹介される場合もあると思いますが、まずはかかりつけ医に健康状態を診てもらうことが先決です。

子どものうつ病の問題点

成長期にある子どもが、うつ病の症状によって食欲がなく十分な栄養が摂取できず、また、十分な睡眠を

図表1 うつ症状の捉え方

小学4年生〜高校3年生(相当)293名の回答を集計

■この文章を読んでから、次の質問に答えてもらいました。

典型的な「うつ症状」がある太郎くん

太郎くんは、この数週間、いつもとちがって、なんだか悲しくなったり、つらい気持ちになったりすることが多くなりました。いつもより体がだるく、つかれていて、夜はしっかりねむることができなくなっています。あまり食欲もなく、体もやせてきています。勉強も手につかず、成績も落ちてきました。決めなくてはいけないことも、なかなか決められず、これまでできていた毎日の勉強や習い事などが、とてもつらく感じるようになってきています。

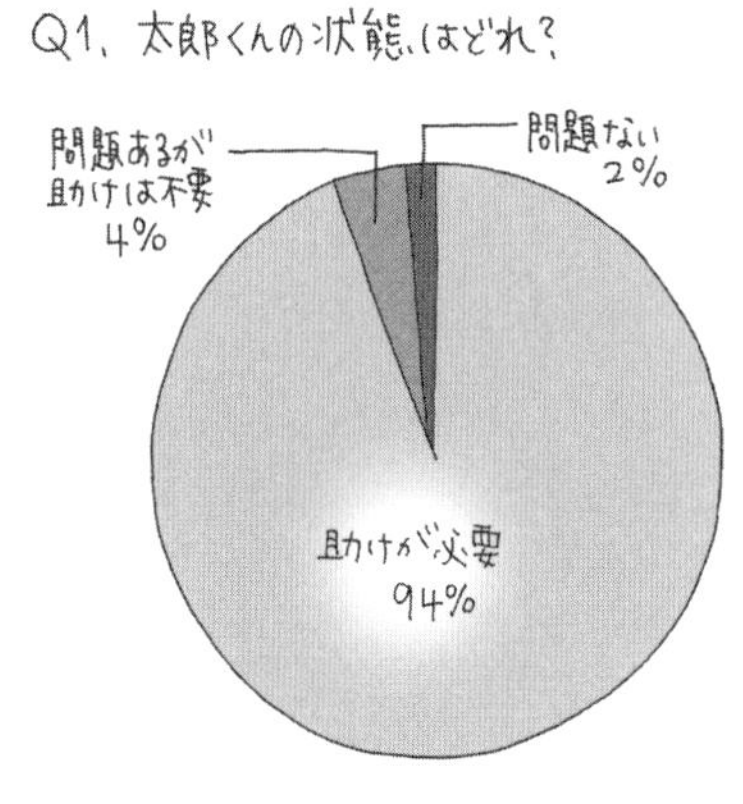

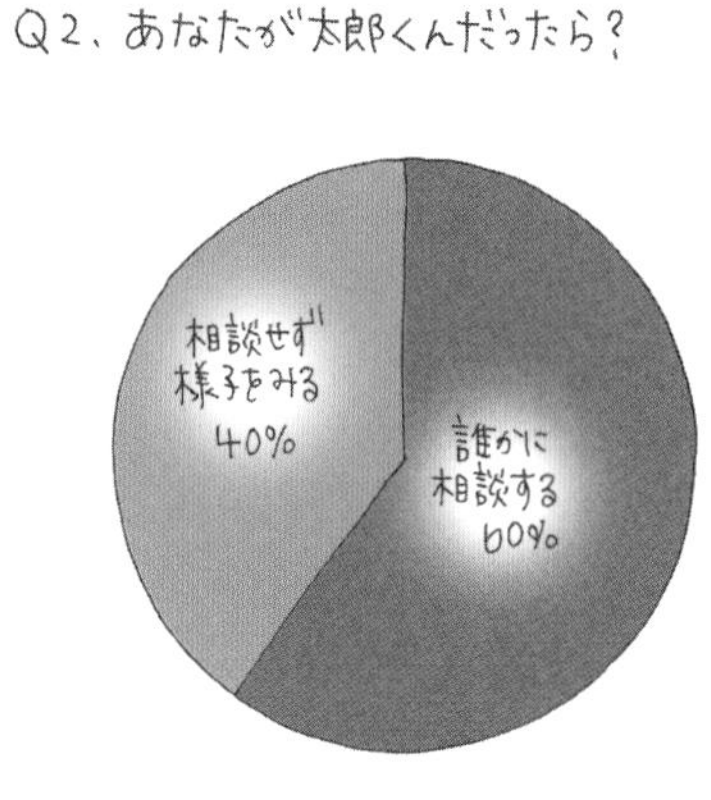

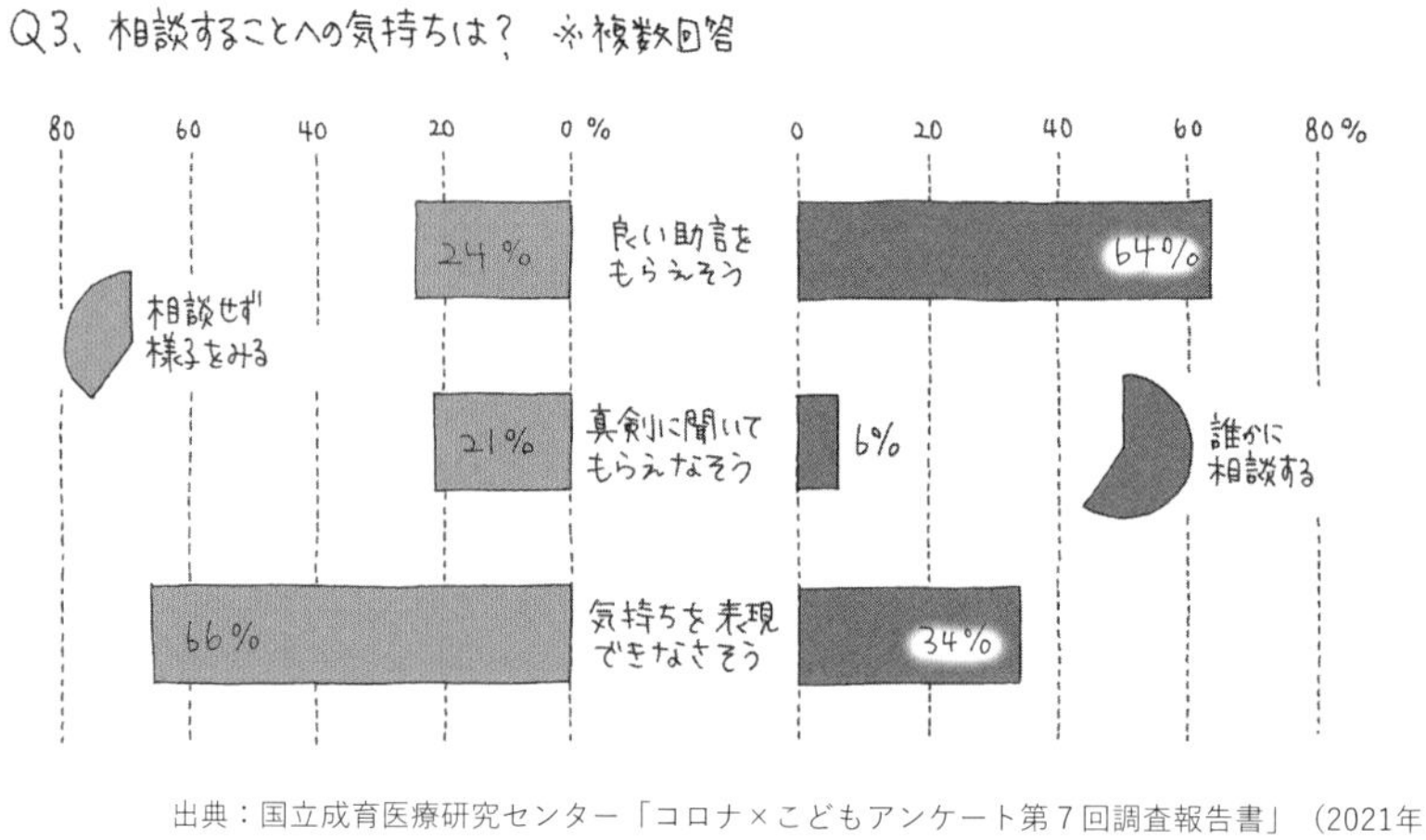

出典：国立成育医療研究センター「コロナ×こどもアンケート第７回調査報告書」（2021年12月調査）

とれない状況が続けば、身体や脳にさらに悪影響を及ぼしかねません。学校では勉強に集中できず、学力低下にもつながり、授業についていけなくなれば、不登校にもつながりやすくなります。

　何より一番懸念されているのが、突発行為の問題です。

　次ページ・図表2の「死にたい」と思ったことのある子どもについての調査では、「死にたいと思ったことがある」と答えた小学5年生から中学2年生までは4割、高校生では6割近くにも及んでいます。

「消えてしまいたい」
「自分は生きている価値がない」
「生まれてこなければよかった」

　こうした自殺をほのめかすようなことを口にするようになったら、強い言葉で言い聞かすのではなく、死んでしまいたいと思うほど辛い状態にあることを受け止めて、「あなたを大切に思っている」ということを伝え、近くで見守るようにしてください。

　また、子どもの「自傷行為」も深刻な問題です（次ページ・図表3）。カッターなどで手首を切るリストカットが多いのですが、これは自殺するための手段としてではなく、自分の身体を傷つけることで精神的な苦痛を紛らわすためであることがほとんどです。その他、たばこの火を押しつけたり、ピアスの穴を過剰にあけたりする行為なども含まれます。

　こうした自傷行為は常習化しやすいので、苦しい気持ちに寄り添って「一緒に治していこう」と支える姿勢を示し、辛くなったら話を聞くなどのメンタルケアを施す必要があります。

　自殺や自傷行為に及ぶ危険性がある段階で、家族だけの判断で対処するのはリスクが大きく、支える側にも負担がのしかかるので、医師や専門家に相談するようにしましょう。

うつ病の治療について

　大人のうつ病に対しては、現在は薬物療法がもっとも一般的に行われている治療法です。神経伝達物質の減っている高齢者にもとても有効で、薬のおかげで社会生活が送れている人も大勢いると思われます。

　一方で25歳以下（40歳以下とするものもあります）のうつ病では、自殺を増やすという報告や、症状の軽いうつ病では、抗うつ薬がそれほど有効ではないとするガイドラインもあります。特に10代までは、前頭葉が発達中なため、副作用や効果の個人差が非常に大きく、大人と同じ感覚で処方が行われると危険度は高まります。

　抗うつ薬をはじめとする向精神薬について、思春期における投薬中の異常行動や自殺の危険性は、すでに世界で大きな問題となっています。アメリカでは1990年代から抗う

図表2 「死にたい」と思ったことのある子どもの割合

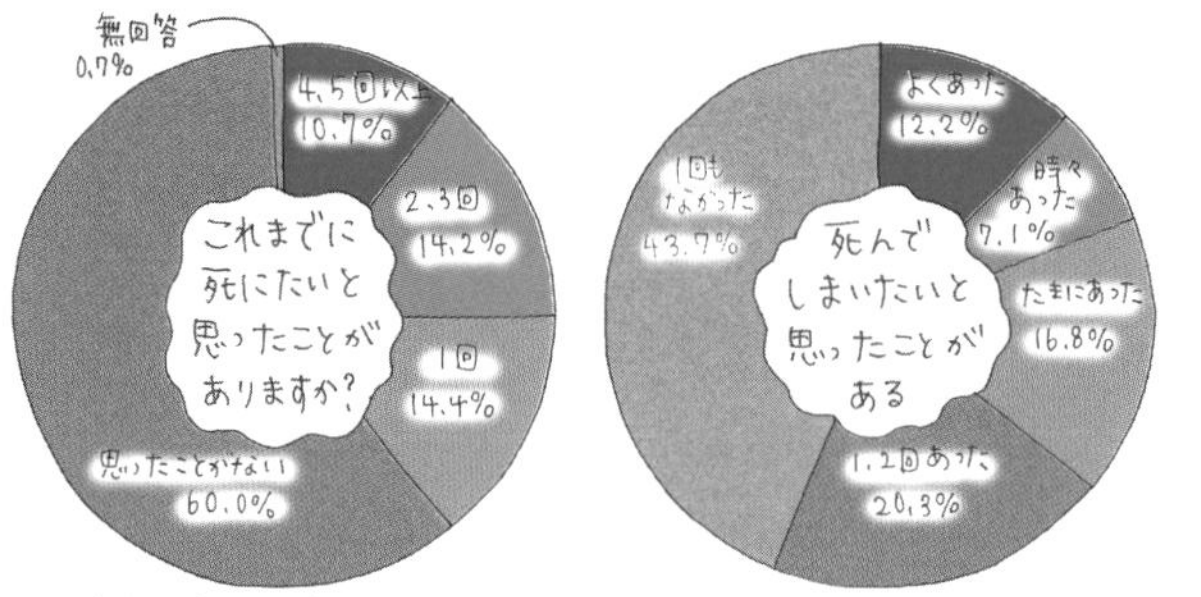

兵庫・生と死を考える会 2004 年調査，小 5 ～中 2 2,189 人
（㈶ 21 世紀ヒューマンケア研究機構，前掲書）

全国高等学校 PTA 連合会 2006 年意識調査，高2 6,406 人

図表3 子どもの自傷行為の実態

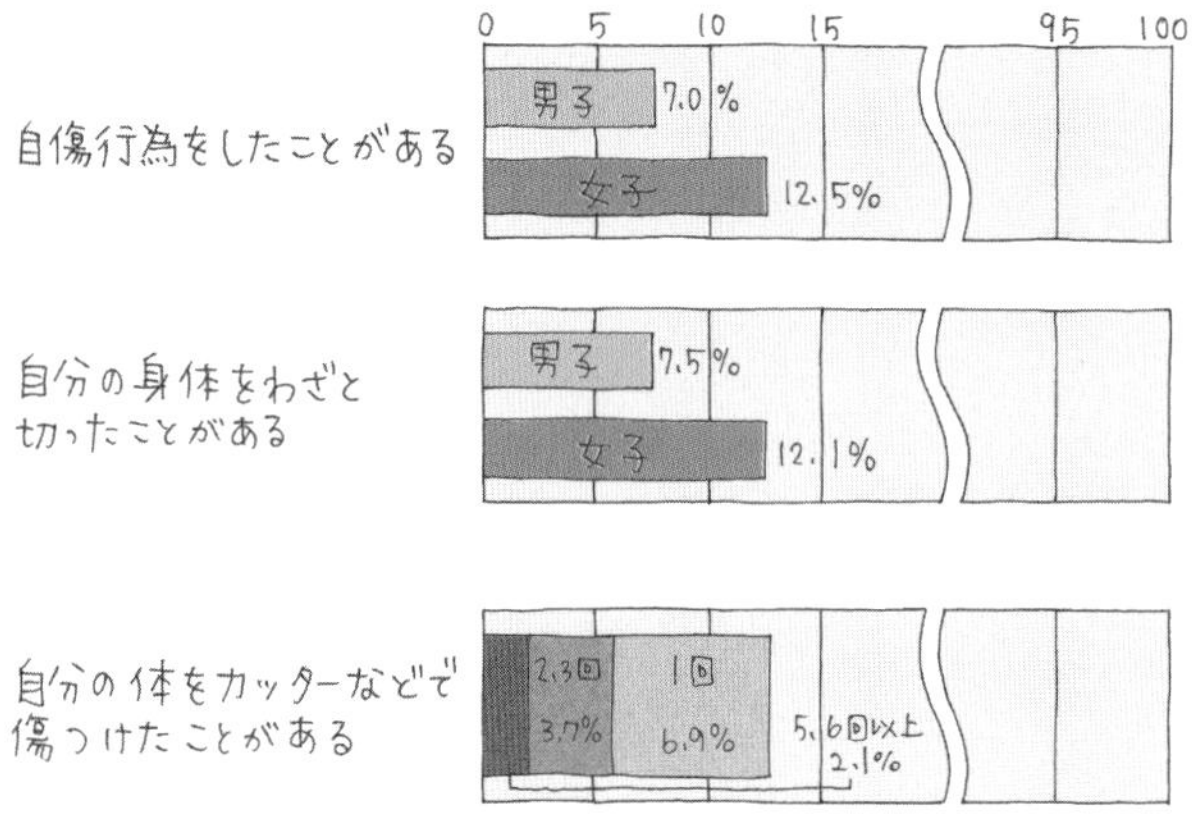

赤澤正人・藤田綾子 2006 年調査，高校生 197 人
（青年期の死を考えた経験と抑制要因に関する研究，大阪大学大学院人間科学研究科紀要第 34 巻，2008）

松本俊彦・今村扶美 2005 ～ 2006 年調査，中・高校生 2,974 人
（中学生・高校生における自傷行為，Psychiatry and clinical neurosciences 62:2008）

兵庫・生と死を考える会 2004 年調査，小 5 ～中 2 2,189 人
（いのちの大切さを実感させる教育のあり方，㈶ 21 世紀ヒューマンケア研究機構，2005）

つ薬や向精神薬を10代、20代に積極的に処方するようになり、SSRI（選択的セロトニン再取り込み阻害薬）が原因と思われる自殺の報告が相次いでいます。

人を巻き添えにする事件を起こす誘因となることも多く、コロラド州コロンバイン高校での銃乱射事件（1999年）もそのひとつで、日本でも附属池田小事件（2001年）や秋葉原通り魔事件（2008年）の犯人がこれらの薬を服用していたことがわかっています。

その後、厚生労働省は、SSRIとSNRI（セロトニン・ノルアドレナリン再取り込み阻害薬）など6種類（8製品）の抗うつ薬について、「子どもへの投与を慎重にすべき」として使用上の注意の改訂指示を出しました。

子どものうつ治療には、薬物療法は原則避けるべきだと個人的には思います。カウンセリングが基本です。

自殺などの緊迫性が高い場合には、入院が必要なこともあるかもしれません。睡眠障害が深刻な場合には、睡眠導入剤を服用して、十分な睡眠をとらせる必要もあるでしょう。

18歳以上であれば、脳卒中後のリハビリ治療にも使われているTMS療法（経頭蓋磁器刺激法）が有効な治療法として挙げられます。左の前頭葉にある「背外側前頭前野」に弱い磁器刺激を与え、刺激が神経細胞を通じて深部にある感情をつかさどる「偏桃体」に二次的な刺激を与え、脳の活動を回復させる効果が期待できます。今後、このような治療法が進歩し、浸透していくと思います。

厚労省が18歳未満への慎重投与を呼びかける抗うつ薬

一般名	代表的な販売名	薬効分類名
エスシタロプラムシュウ酸塩	レクサプロ	選択的セロトニン再取り込み阻害薬（ＳＳＲＩ）
塩酸セルトラリン	ジェイゾロフト	選択的セロトニン再取り込み阻害薬（ＳＳＲＩ）
フルボキサミンマレイン酸塩	デプロメール	選択的セロトニン再取り込み阻害薬（ＳＳＲＩ）
フルボキサミンマレイン酸塩	ルボックス	選択的セロトニン再取り込み阻害薬（ＳＳＲＩ）
デュロキセチン塩酸塩	サインバルタ	セロトニン・ノルアドレナリン再取り込み阻害薬（ＳＮＲＩ）
ミルナシプラン塩酸塩	トレドミン	セロトニン・ノルアドレナリン再取り込み阻害薬（ＳＮＲＩ）
ミルタザピン	リフレックス	ノルアドレナリン・セロトニン作動性抗うつ薬（NaSSA）
ミルタザピン	レメロン	ノルアドレナリン・セロトニン作動性抗うつ薬（NaSSA）

子どもの不安を理解して寄り添う

子どもはもともと精神的に不安定で、気分に波があったり、変なこだわりが強かったりすることもあります。普段であれば、だらけているように見えたり、そっけなく感じたりして小言を言いたくなるような態度も、病気のせいである可能性もあることをまずは理解しましょう。

そして、子ども本人は「学校に行きたくない。けれども学校に行かなくてはいけない」と無理をしようとするかもしれません。その場合には、**がんばれないのは病気のせいであり、学校を休んでもサボりではないこと、そして病気になった原因も子ども本人に否がないことを理解させましょう。**

軽度のうつ症状であれば、少し休養することで改善される場合もあります。学校側に状況を説明して十分な療養をしたい旨を伝え、様子をみながら課題をもらって家庭学習を進めるなど、スクールカウンセラーや担任教諭と連携し、支える体制をつくることが望ましいです。

家庭では、親がついていることを示し、焦らずにゆっくりと話を聞くようにしましょう。**子どもの言い分を否定したり、強く励ましたりすると余計に自分を責めることになりかねないので、とにかく子どもの心に寄り添い、共感することが重要です。**

子どものうつ病対策にも国が積極的に動くべきですが、現時点では親御さんが情報収集し、専門家に相談してケアしていくしかありません。

うつ病の診断基準

以下の症状のうち、１または２を含む５つ以上が２週間認められた場合に、
うつ病が疑われると考えられます。（※明らかな身体疾患による症状は含まない）

1. その人自身の明言（例えば、悲しみまたは、空虚感を感じる）か、他者の観察（例えば、涙を流しているように見える）によって示される、ほとんど１日中、ほとんど毎日の抑うつ気分（※小児や青年ではイライラした気分もありうる）。

2. ほとんど１日中、ほとんど毎日の、すべて、またはほとんどすべての活動における興味、喜びの著しい減退（その人の言明、または観察によって示される）。

3. 食事療法中ではない著しい体重減少、あるいは体重増加（例えば、１カ月に５％以上の体重変化）、またはほとんど毎日の、食欲の減退または増加（※小児の場合、期待される体重増加が見られないことも考慮すること）。

4. ほとんど毎日の不眠または睡眠過多。

5. ほとんど毎日の精神運動性の焦燥または制止（ただ単に落ち着きがないとか、のろくなったという主観的感覚ではなく、他者によって観察可能なもの）。

6. ほとんど毎日の易疲労性、または気力の減退。

7. 無価値観、または過剰あるいは不適切な罪責感（妄想的であることもある）がほとんど毎日存在（単に自分をとがめる気持ちや、病気になったことに対する罪の意識ではない）。

8. 思考力や集中力の減退、または決断困難がほとんど毎日存在（その人自身の言明、あるいは他者による観察による）。

9. 死についての反復思考（死の恐怖だけではない）、特別な計画はない反復的な自殺念慮、自殺企図、または自殺するためのはっきりとした計画。

参考：DSM-5

こころの病気を知るためのおすすめWEBサイト

『こころの情報サイト』
（国立研究開発法人国立精神・神経医療研究センター　精神保健研究所）

https://kokoro.ncnp.go.jp

『こころもメンテしよう ～ご家族・教職員の皆さんへ～』
（厚生労働省）

https://www.mhlw.go.jp/kokoro/parent/

子どもの情操教育について

- ☑ 情操教育は特別なことではない
- ☑ リアル体験も読書体験も積極的に体験を楽しむ

情操教育とは

道徳の教科化が決まり、小学校では平成30（２０１８）年度から、成績のつく教科としての道徳教育が始まりました。このとき、「情操教育」という言葉をよく耳にしたのではないかと思います。

情操教育とは、感情や情緒を育み、創造的で、個性的な心の働きを豊かにするためとされる教育、および道徳的な意識や価値観を養うことを目的とした教育の総称です。ドイツのヘルバルト学派（哲学者・心理学者・教育学者であるヘルバルトの後継者たち）が用い始めた言葉で、日本においては、豊かな心と人間力を育てる教育として使われています。

情操教育は主に４つの目標に分かれます。

①科学的情操教育→好奇心を育てる
②道徳的情操教育→人を思いやる心、協調性を育てる
③情緒的情操教育→命の尊さを知る
④美的情操教育→芸術を美しいと思える心を育てる

このなかで、道徳的情操教育だけが単独で教科化されています。その他については、図工、音楽、保健体育、総合学習や調べ学習、体験学習、行事等の目標として組み込まれていると思われます。

EQが求められる時代の情操教育

情操教育自体は昔から存在していますが、なぜ、ここにきて力を入れることになったのでしょう。

道徳教育の項（104ページ）で、いじめ問題や自殺問題が道徳教育を推し進める背景にある点については触れますが、全体としての背景には、グローバル化する社会において、日本人の自己肯定感の低さが露呈し、自尊感情を育む教育が求められたことなどがあります。

　自分の価値観や個性を大切にして自己を表現し、他者を尊重することで、社会活動は円滑に機能します。IQ（知能指数）が高くても、周りとうまく連携できなければ生産性は上がりません。IQとEQ（心の知能指数）の両方を兼ね備えた人材が求められるなかで、自然体験、社会体験、文化的体験など、社会性や幅広い視野を養うための体験学習も情操教育の一環として行われています。

情操と哲学
読書も体験のひとつ

　読書も情操教育の一環だと思っています。**文章を読み、想像し、感じ取ることは体験そのもの。**しかも、はるか昔の人の知恵を聞くこともでき、現在は存在しない異空間に飛び込むこともできます。読書に夢中になっている人の印象は、地味でおとなしく見えるかもしれませんが、実際には好奇心旺盛で、本のなかの世界をアクティブに体験している人かもしれません。だからこそ**さまざまなジャンルの本を読むことで、体験の幅は広がります。**

　なかでも、哲学書はぜひ読んでもらいたいジャンルです。哲学者が難しいことを説いているから「哲学書」だと勘違いしている人が多いのですが、「失敗は成功のもと」など、ことわざや格言も立派な哲学であって、こういう考え方もあるよ、という指向性を伝えてくれるのが哲学書です。子ども向けの哲学書のシリーズもあり、私も共著で参加した『自分ってなんだろう』（佼成出版社）は非常に読みやすくてお勧めです。

情操教育と学力の両立について

　勉強だけできても、人の気持ちがわからない人間は社会に適応しない、などと極端な言葉に振り回される必要はないと私は思っています。

　受験競争も、スポーツのレギュラー争いも、競争体験という意味では情操教育の一環です。**情操教育は特別なものではなくて、体験をどう生かしていくかの思想があるかないかの差**だと思います。子どもは欲張りで結構で、体力と気力が足りるなら、いろいろな体験をさせればいいし、その子のキャパシティで選んでいけばいいと思います。

　ただし、詰め込みすぎずに余裕をもつことも大事。勉強はなるべく効率を重視し、浮いた時間で本を読んだり、親子のコミュニケーションを大切にしたりしてほしいと思います。

建て前と本音について

- 発達段階に合わせて世の中の建て前を教えていく
- どんな本音でも受け入れてあげる

建て前のコミュニケーションと本音のコミュニケーション

昨今の教育現場では、友だち同士でもあだ名呼びが禁止されるなど、社会的に正しい、いわゆる「建て前のコミュニケーション」が常態化しています。

成長過程にある子どもは、見たまま、感じたままを言葉で表現してこそ健全だと私は思います。相手に対して失礼な発言をした場面では「そういうことを言ってはいけません」と、周りの大人に諭されながら、相手の気持ちを考えて言葉を選び、建て前のコミュニケーションを習得していけるというものでしょう。その過程がないまま、一方的に本音を封殺されれば、コミュニケーションそのものが希薄化し、親友もつくれず、親にも本音を打ち明けられず、将来孤立してしまいます。

社会的に求められている「建て前のコミュニケーション」を早くから身に付けることも大事ですが、**子どもにとっては「本音のコミュニケーション」も大切です。家庭だけは、無条件に本音が言える場でなければ**いけないと思っています。

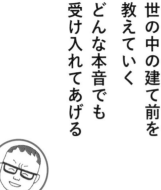

「偽りの自己」と「真の自己」

なぜ、建て前のコミュニケーションが教育の場に及んでいるかというと、近年は世界各地で外国人に対する憎悪や軽蔑が込められたヘイトスピーチ、さらには暴力事件に発展するなど、差別問題が深刻な社会問題となっているからです。国際社会全体で、あらゆる差別や暴力をなくそうという概念「ポリティカル・コレクトネス」(political correctness)が激化していることなどが背景にあります。

アメリカでは、こうしたポリティカル・コレクトネスに沿った教育が早くから徹底されていて、家族間であっても、差別や偏見に非常に敏感です。例えば、夫が妻に専業主婦になってほしいと望んでいたとしても、性差別になるので言えません。職場で愚痴ろうものなら、差別発言でキャリアに影響を及ぼすこともあるのです。このようにポリティカル・コレクトネスが浸透している社会では、**本音を言える場がなく、苦しむ人が少なくないという側面もあります。**

イギリスの精神分析家であるウィニコットが提唱した「偽りの自己」と「真の自己」という概念では、周囲に適応するために本当の自分を隠蔽し、偽りの自分ばかりが発達することで、非実在感や空虚感が伴うとされています。本当の自分を出せる場がないアメリカでは、「真の自己」を開放できる唯一の場としてカウンセリングが機能しているのです。

親子の本音のコミュニケーションの意味

小学校低学年までの子どもであれば、「○○ちゃんはデブ」とか、「○○くんは走るのが超遅い」など、悪口のような本音も多く飛び出します。これは、相手よりも自分のほうが勝っているということを認めてもらいたい欲求でもあります。頭ごなしに「そんなことを言っちゃ、ダメ！」と遮ってしまうと、子どもは「こういうことを言う自分は悪い子なんだ」と思い込んでしまいます。幼いうちはすべてを受け入れる形で、「うん、うん。ママにとっては、あなたのほうがかわいい」「そうだね、あなたは走るのが得意だもんね」と認めたうえで、「このことは外で言うとあなたが嫌われちゃうから、家のなか以外では言わないようにしようね」と教えてあげましょう。成長するにつれて、例えばテレビ報道を観て、「ウクライナ侵攻はロシアが悪いよ」などと言うようになったら、「どうしてそう思うのか、聞かせて」と話を展開していくことで、考えを深めたり、議論の訓練につなげたりもできます。

親子間で何でも話せる関係性がしっかりとあれば、思春期を迎えてさまざまな悩みや迷いに直面しても、一人で抱えることなく、誰かの力を借りながら、乗り越えていくことができます。これからの国際社会に適応していくためにも、親子の本音のコミュニケーションで培った力が大きな支えとなります。子どもの本音をしっかりと受け入れながら、建て前のコミュニケーション力を育んでいきましょう。

子どもに大人社会を教える意義

- 食べられずに死ぬ人が今もいることを教える
- 世の中の動向を見極めてうまく立ち回る

食べて生きていくということ

戦後の焼け野原状態から這い上がり、高度経済成長によって経済大国となった日本ですが、私が大阪に住んでいた子どものころには、路上生活者らしき人たちが集まっているような場所があちこちにありました。

今は差別問題に触れるため、学校ではこうした身近にいる生活困窮者に対する発言をむやみにしないだろうと思いますが、右肩上がりで豊かになる社会とは裏腹に、今日食べるものもなければ、真冬には命の危険にさらされる人たちがいることを母から聞かされ、アンデルセン童話の『マッチ売りの少女』のような世界観を感じた記憶があります。

裕福な暮らしと、貧しい暮らしの格差はいつの時代にも存在すると思いますが、近年特に富裕層と貧困層の二極化が世界でも問題視されるようになっています。

日本において、金融資産が5億円以上の「超富裕層」と、多数派で金融資産が３０００万円未満の「マス層」の割合を見てみても、格差が年々拡大傾向にあることがわかります（図１・図２）。

コロナ禍を経て、２０２３年２月の生活保護の申請件数は2万件近くに及び、過去2番目の増加率と公表されました。しかし、申請をしても必ず保護を受けられるというわけではなく、悲観して命を絶つ人、食糧が尽きて空腹のまま死を受け入れる人、あるいは犯罪をくり返して刑務所暮らしで命をつなぐ人など、決して豊かな社会とは言えない日本の現実があります。

生活困窮者を助けようとしない社会

インフルエンサーとして常に注目を集めるユーチューバーが、数年前、

「ホームレスの命はどうでもいい」「いないほうがよくない？」などと発言した動画を配信し、支援団体が連名で緊急声明を出す事態となりました。

日本では路上生活者への偏見が強く、通行人が暴力を振るったり、若者がグループで襲撃をかけたりして、路上生活者が亡くなる事件などがたびたび起こっています。

路上生活者に危害を加えようとする人の心理を想像してみましょう。

多分、生活困窮者をサポートするための資金は税金であるため、税金を納めないような人を救済する必要性はない、生活できないのは自分の責任であって、自分で何とかするべきだと考えているのでしょう。

図１　純金融資産保有額の階層別にみた保有資産規模と世帯数

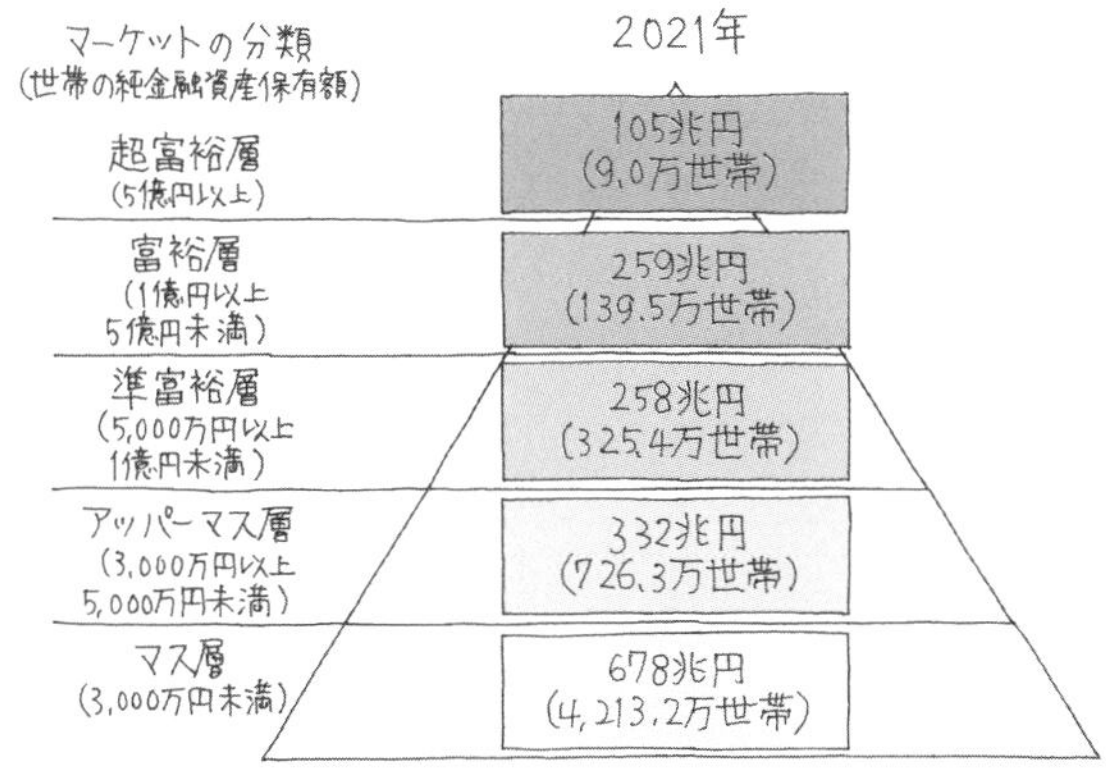

出典：野村総合研究所

図２　純金融資産保有額の階層別にみた保有資産規模と世帯数の推移

		2005年	2007年	2009年	2011年	2013年	2015年	2017年	2019年	2011年
超富裕層	純金融資産(兆円)	46	65	45	44	73	75	84	97	105
	世帯数（万世帯）	5.2	6.1	5.0	5.0	5.4	7.3	8.4	8.7	9.0
富裕層	純金融資産(兆円)	167	189	150	144	168	197	215	236	259
	世帯数（万世帯）	81.3	84.2	79.5	76.0	95.3	114.4	118.3	124.0	139.5
準富裕層	純金融資産(兆円)	182	195	181	196	242	245	247	255	258
	世帯数（万世帯）	280.4	271.1	269.8	268.7	315.2	314.9	322.2	341.8	325.4
アッパーマス層	純金融資産(兆円)	246	254	225	254	264	282	320	310	332
	世帯数（万世帯）	701.9	659.8	639.2	638.4	651.7	680.8	720.3	712.1	726.3
マス層	純金融資産(兆円)	512	470	480	500	539	603	673	656	678
	世帯数（万世帯）	3831.5	3940.0	4015.8	4048.2	4182.7	4173.0	4203.1	4215.7	4213.2

出典：野村総合研究所

餓死は身近で起こっている！

2020年12月 大阪市南区	マンションで母親（68歳）と娘（42歳）の腐敗した遺体が見つかる。財布の所持金はわずか13円。冷蔵庫は空っぽで水道やガスは止められていた。
2020年2月 大阪府八尾市	生活保護を利用していた母親（57歳）と長男（24歳）の遺体がアパートで見つかる。母親は処方薬の大量服薬で死後1ヵ月、長男は餓死で死後10日経過していた。
2013年11月 大阪市東淀川区	団地で認知症の母親と二人暮らしをしていた無職の女性(31歳)が餓死しているのが見つかる。「連絡が取れない」と管理会社の通報により、脱水症状で倒れていた母親は病院に搬送されたが、一人暮らしだと思われていたため別室にいた娘は気づかれず、1ヵ月以上経って発見された。4年前に生活保護の申込を断られて、生活に困窮していた。

図3　家計の状況は？

	生活保護世帯 （957 世帯）	一般世帯 （20,988 世帯）
ほぼ毎月赤字になる	6.3%	19.3%
ときどき赤字になる	31.0%	36.9%
ほとんど赤字にならない	41.9%	26.4%
まったく赤字にならない	20.4%	15.9%
無回答	0.4%	1.6%

出典：厚生労働省「令和元年 家庭の生活実態及び生活意識に関する調査」

　生活保護の窓口担当者でさえ、「住所不定では申請できません」「ハローワークに行ってから来てください」「生活保護の申請はなかなか通らないですよ」「家族に養ってもらうのがいい」などと突き放し、手続きに至らせない水際対策をとる自治体もあるそうです。

　こうした偏見も、生きづらさの要因となって弱者を追い詰めることになってしまいます。

働いても貧しい、働きたくても働けない

　新卒で正社員として入社し、定年まで勤め上げれば、退職金と年金で夫婦ともども老後も安泰だという時代はとっくに終わり、年金の受給開始年齢はどんどん先送りにされています。

　企業は人件費削減のためにリストラを行い、非正規雇用に転換する企業が増え、働いても低所得で貧困に陥る「ワーキングプア」と呼ばれる人が増加しました。他にも、ひとり親世帯や、家族の介護、自身の病気などを理由に、働きたくても十分に働けない人もいます。

　あるいは、リーマン・ショックによる倒産やリストラ、新型コロナウイルス感染症の蔓延による派遣切りも、働きにくい社会に拍車をかけています。さらに、ウクライナ侵攻による物価高騰で、経営破綻や生活費への負担増など、個人の責任とはいえない生活苦が占めています。

　厚生労働省による調査では、家計が「ほぼ毎月赤字になる」「ときどき赤字になる」と回答した一般世帯の合計が56％を超えています（図3）。このままでは生活困窮者は増え続ける一方です。

　これは個人の責任ではありません。政治の責任です。**国内の政治、世界と連携しての政治で、国民一人ひとりの生活を守らなくてはいけません。そして、その代表者（議員）を投票で選ぶのは国民です。選ばれたリーダーが務めを果たせているか、しっかりと見届けて声を上げていかなくてはいけません。**その投票権が、子どもたちにも近い将来、与えられることになります。

最低賃金を上げます！
社会保障を厚くします！
子どもの虐待問題や貧困対策に切り込みます！

大人社会を教えて将来を考えさせる

何のために勉強するのか。立派な学歴を得たら、幸せになれるのか。子どもたちは、自分の将来を具体的にイメージできていない状態で、言われた通りに勉強しているだろうと思います。

東大卒というだけでは生きていけない時代になってきているのは実感しますし、時代によって有利な職業は変わります。大人の社会、世の中の動きを知らないと進路選択ができません。

特にＡＩ技術が試験段階から本格採用になるのも時間の問題でしょう。人間の能力よりも正確かつ安全な成果で、ＡＩが労働力となっていくことは間違いありません。人間がかなわない業務はＡＩに任せて、人間はＡＩを監督する側に回ることになります。

それでも、ＡＩにできないことはあるはずです。そこに大きなチャンスがあるかもしれませんし、同様にＡＩ以外でもあらゆる方面で進歩があり、そこに伴うチャンスがあると期待しています。

これからの時代は、ひとつの職業にこだわらないことが鍵だと私は思っています。世の中がどう進んでいくのかを見極めて器用に立ち回れる人が大成することでしょう。それを見極めるためには、より多くの知識をもっている人のほうが有利です。そして**勉強の仕方が体に染みついている人は、どんな時代でも、どんな条件でも、それに適応するように勉強をして素早く柔軟に反応することができます。**

社会で豊かに生きていけることにつながるよう、今は勉強して備えているという実感をもつことで、モチベーションもさらに向上するでしょう。

スマホがほしいと言われたら

- スマホに何を期待するのかをよく考える
- 与える前にルールを決めて約束をさせる
- ルールを守って有効に使えているかを注視する

乳幼児からスマホに親しんでいる子どもたち

小学生のランドセルには、標準装備のように防犯ブザーがぶら下げられ、習い事や遊びに出かけるときには、防犯ブザー機能のついた子ども用の携帯電話を首から下げて防犯対策をとる時代です。家族間の連絡はグループLINEで共有し、奇しくも新型コロナウイルス感染症による緊急事態宣言を受けて、学校も塾もオンライン授業化が進み、小学生でも自分専用のスマホやタブレットの所有率は高まる一方となりました。

これまでは、スマホをいつからもたせるべきか、といった親御さんの心配事も、コロナ禍を経た今では、必要に迫られて仕方なくもたせてしまったけれど、やっぱり早すぎたのではないかという不安に変わってきているのかもしれません。

そもそも今の子どもたちは、乳幼児からスマホに触れている子も少なくありません。子どもをベビーカーに乗せて出かける際、おとなしくさせるためにスマホを渡して興味を引いていますから、すでに楽しい道具として脳に刷り込まれています。知恵がついてきて、子ども用携帯やガラケーを支給されても機能に満足がいくわけがありません。

ある調査では、スマホデビューの最多は小学1年生で、約半数が小学校低学年でもち始めるとされています。もたせる前には慎重にルールを決めて子どもに約束させ、もたせてからも監督者として目を光らせる必要があります。

スマホに何を求めてもたせるのか

まずは、**子どもにスマホをもたせる目的を整理**しましょう。防犯対策や緊急時の連絡手段と考えるならば、ガラケーで十分だと思います。より安全性を重視した、**GPSで位置情報が表示されるようなアプリ機能を求めるならば、スマホのほうが選択肢は多いです。その場合には、帰宅したらスマホは自由に使わせる必要はなく、次に出かけるときまで、親がスマホを預かるようにしましょう。**

子どもの位置情報を把握することが目的であるならば、専用端末を子どものランドセルに入れて、親側のスマホのアプリ機能で確認する見守りGPSサービスもあるので、この場合は子どもにスマホをもたせる必要はありません。

第一、小中学校では携帯電話のもち込みが許可されていないところがほとんどだと思うので、登下校以外での行動範囲等によって、慎重に検討しましょう。

デジタル教材の活用のためにスマホがほしいと言われたら

参考書や塾の教材などでは、QRコードから動画や音声を視聴して学習できるデジタル教材が増えています。小学校の教科書でも、2024年度から使用される教科書に、同様のQRコードが採用され、学習指導要領が重視する主体的・対話的で深い学び（アクティブラーニング）などの充実を図っていくことが改めて発表されました。学校では一人一台のデジタル端末が配備されていますから、もはや子どもたちはタブレット操作もお手のものです。より手軽にデジタル教材で家庭学習をするために、自分専用のスマホをもちたいと言ってくるのも自然な流れです。

デジタル教材をフル活用するためなら、例えば1時間だけというように決めて、家族が所有するタブレットを使わせることでも対応ができます。さらに言えば、QRコードを読み込まなくてもURLからリンクする手段でパソコンからも使えます。パソコンのほうがよほどITリテラシーを養うことにもつながります。

スマホをもたせるときの約束について

デジタル教材を活用する意味でも、スマホは大いに貢献するでしょう。ただし、ゲーム、SNS投稿、YouTubeなどの動画視聴と、学習以外のところでの使用がネックになるので、**スマホをもたせる前に、細かな条件やルールを子どもと話し合って決めてから、守ることを約束させたうえで与えるようにしましょう。**

- **勉強部屋、寝室などの個室では使わせない（リビングなど共有スペースでのみ使用させる）**
- **一日の使用制限時間を決める**
- **なるべく少ないデータ容量での契約にする**
- **インターネットで有害不適切なサイトを表示させないようにフィルタリングをかけて利用させる**
- **SNSなど勝手にアカウントをもたない**
- **アプリは許可を得てからダウンロードする**
- **個人情報を入力しない**
- **ラインの使用は、親が常に見られるような条件でのみ使用を許可する（ロックをかけない）**
- **約束を守らないと契約を打ち切る**

　このような条件やルールが考えられると思われますが、最初に約束を交わしても実際に使い始めると、守らなくなるケースが非常に多いので、**子ども側に主導権をもたせず、厳しく見守り、管理することが重要**です。

スマホをもってからの子どもの変化に注視する

　スマホを使い始めてから、子どもの学習面、生活面、すべてにおいてどのような変化があるかを、常に観察するようにしましょう。デジタル教材を活用した学習が功を奏しているのならいいのですが、逆に**学習の邪魔をしているような使い方になっているのであれば、もう一度、スマホをもつ目的のところに立ち返って本人に確認する**必要があります。

　あるいは、視力低下、ドライアイ、肩こり、ストレートネック（スマホ首）、腰痛、睡眠障害（うつ症状）など、健康を害する状況になっている場合にも、症状ごとの原因を見極めた対応が必要になります。

　そして、顕著に悪い影響が出てくるのであれば、最初に交わした約束は守られていないと考えられます。家族の前では守っているように見えても、制限時間の設定やフィルタリング、アプリのダウンロード許可の設定などを自分でコントロールする方法を見つけていたり、内緒で別のアカウントを作っていたり、自分の欲求を抑えられずに、依存症と呼べるような域に達している可能性もあります。

　ネット依存症に関しては別項（92ページ）で記しますが、親との約束を守らずに暴走するようになっているとしたら非常に危険です。悪影響が気になる場合には、いきなり責め立てるのではなく、「最近、朝寝坊が多いけど、寝つけない悩み事でもある？」などともち掛けて、生活の見直しを図る方向で接していきましょう。

携帯電話やスマートフォンでSNSや動画視聴をする時間

（学習目的やゲームをする時間は除く）

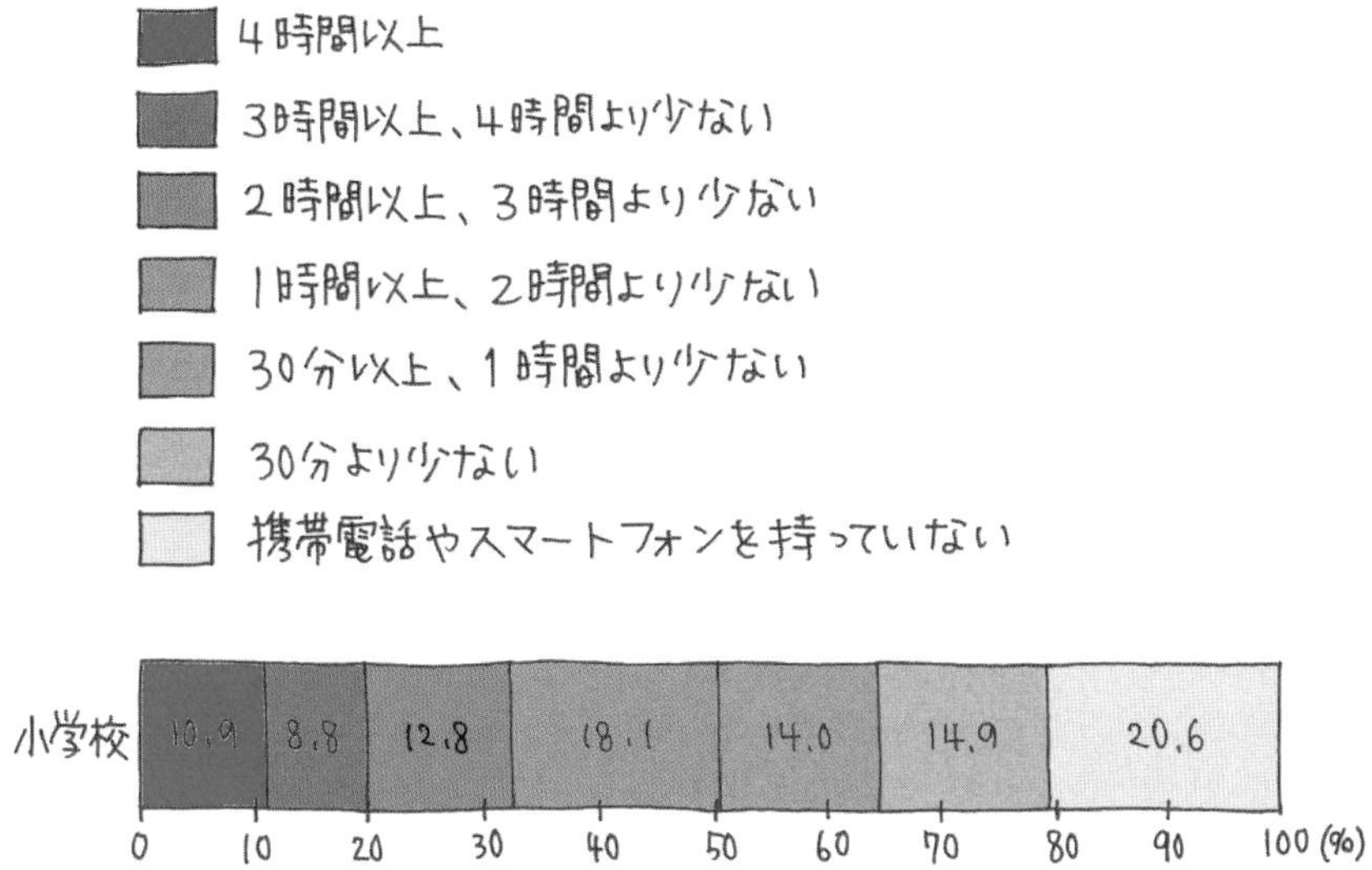

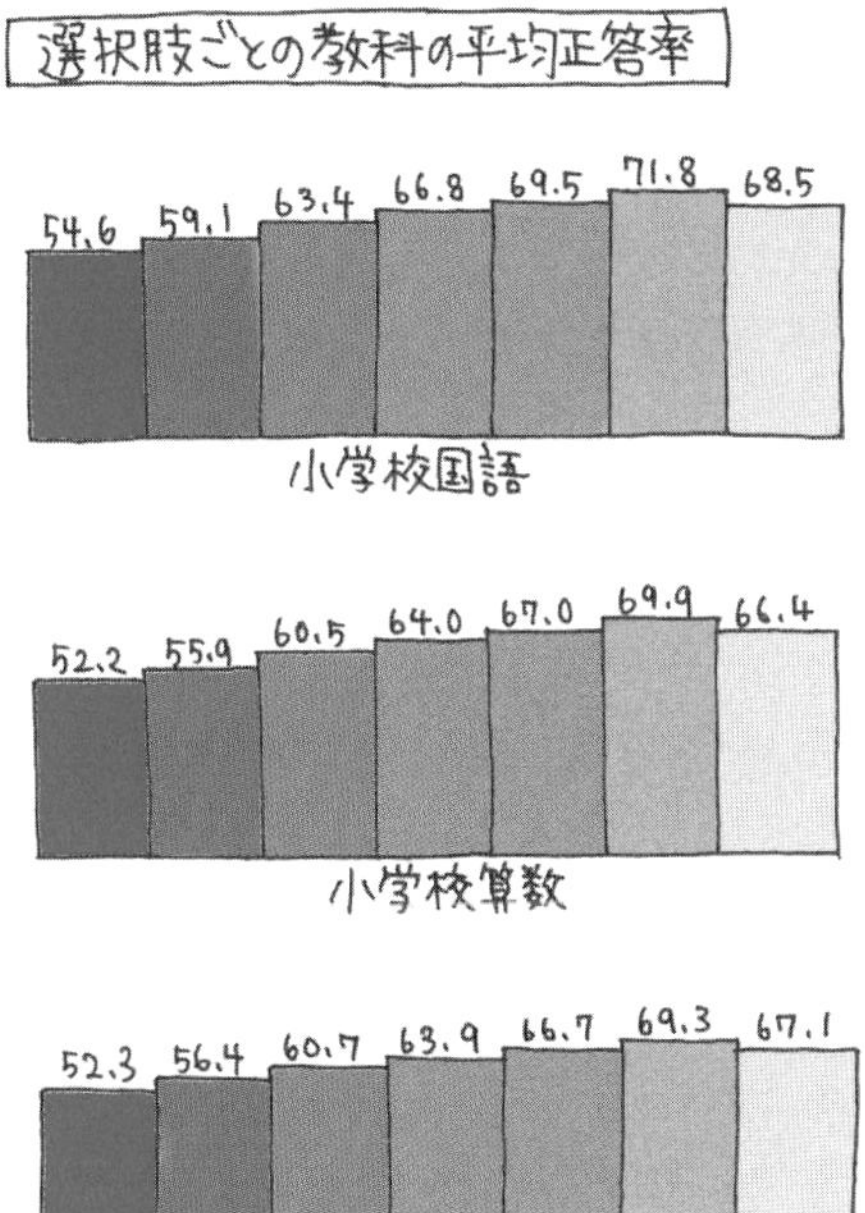

出典：文部科学省「令和４年度 全国学力・学習状況調査の結果」

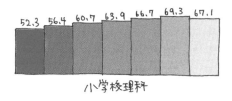

小学生の依存症
〜ネット依存とスマホ依存〜

- ☑ 依存症の実態を知る
- ☑ スマホやネットの利用時間や目的を管理する
- ☑ 依存症の兆候が見えたら、専門医に相談する

依存症を誘発する広告に依存する日本のテレビ局

10年ほど前になりますが『「依存症」社会』（祥伝社）という本を書きました。精神科医として、もっとも重大な病気だと思う依存症の患者数の多さ、依存にまつわる自殺者の多さを危惧してのことでした。

当時の日本で、アルコール依存は約230万人、ギャンブル依存が約560万人、ネット依存が約270万人、その他、睡眠薬や安定剤が手放せない人、ニコチン依存（タバコがやめられない）の人、ゲーム依存、覚せい剤依存、買い物依存、セックス依存など、依存症になっている人はあわせて2000万人近い数と推計されていました。

その背景には、アルコール飲料やソーシャルゲーム、モバイル会社、通信サービスなど依存性の高い商品を扱う企業広告に依存しているテレビ局の存在が大きいと感じました。これは決して個人のこころの病ではなく、日本の経済全体が依存症に依存してしまっている「社会」の問題だと考え、この流れをどうにか断ち切りたいとの願いがありました。

しかし、ゲームやスマホの依存症患者は、むしろ子どもたちを巻き込む形で増加する一方です。さらには

2013年『「依存症」社会』
2019年『スマホ脳』

コロナ禍の影響を受けて、おうち時間の消費を取り込もうと、アルコール飲料、課金制ゲームアプリやオンライン対戦型ゲーム、格安スマホなどのテレビCMがさらに露出しているような状況です。この十年で事態はますます深刻化しています。

　新型コロナウイルス感染症に対して、日本はWHOの勧告に過剰なほど従い続ける姿勢を貫きました。けれどもこうした依存症に対し、日本は国際的な勧告を無視して依存性の高い広告を流し続けている異常な国です。そのことに日本国民が気づいていないことが、何よりの恐怖です。

依存症は意思が壊される病気

　厚生労働省のホームページでは、依存症の特性について、「一度始めると自分の意思ではやめられない」「毎回、やめようと思っているのに、気がつけばやり続けてしまう」と表現しています。

　依存症の発症は、脳内にある快楽物質のドーパミンが影響しています。アルコールや薬物、ギャンブルなど、快楽を得られる物質や行動をくり返すうちに、**脳がその刺激に慣れてしまい、より強い刺激を求めるようになった結果、物質や行動への欲求がコントロールできなくなってしまう病気**です。

　意思が弱い人間だから依存症に陥ると思われがちですが、それはまったくの誤解です。逆に、その意思が壊される病気なのです。そして、**周囲の理解がないことが余計に事態を悪化させることにもなります。葛藤や孤独感から、うつ症状を引き起こしやすく、自殺につながるケースも少なくありません。**どのような依存症であっても、早期に医療機関で治療を受ける必要があります。

ゲームやスマホで脳をハッキングされている

　アルコールや薬物、ギャンブル以上に依存症に陥りやすいのが、ゲーム依存、ネット依存、スマホ依存です。なぜなら、アルコールや薬物、ギャンブルはお金がないと手が出せません（そのお金を得るために犯罪に走るケースもあり、別の問題をはらんでいますが）。ゲームやスマホは、基本設備・料金で、いつでも・だれでも・どこでも・フリーアクセスできるからです。

　さらに、ゲームやアプリの開発者は、ドーパミンの分泌を促すものを意図して開発しています。依存性の高い商品を作って、永久的にお得意さんにしようとプログラミングされているのです。

　それを象徴するかのように、マイクロソフト創業者ビル・ゲイツは、自分の子どもには14歳になるまでス

図表1　子どものインターネット利用時間

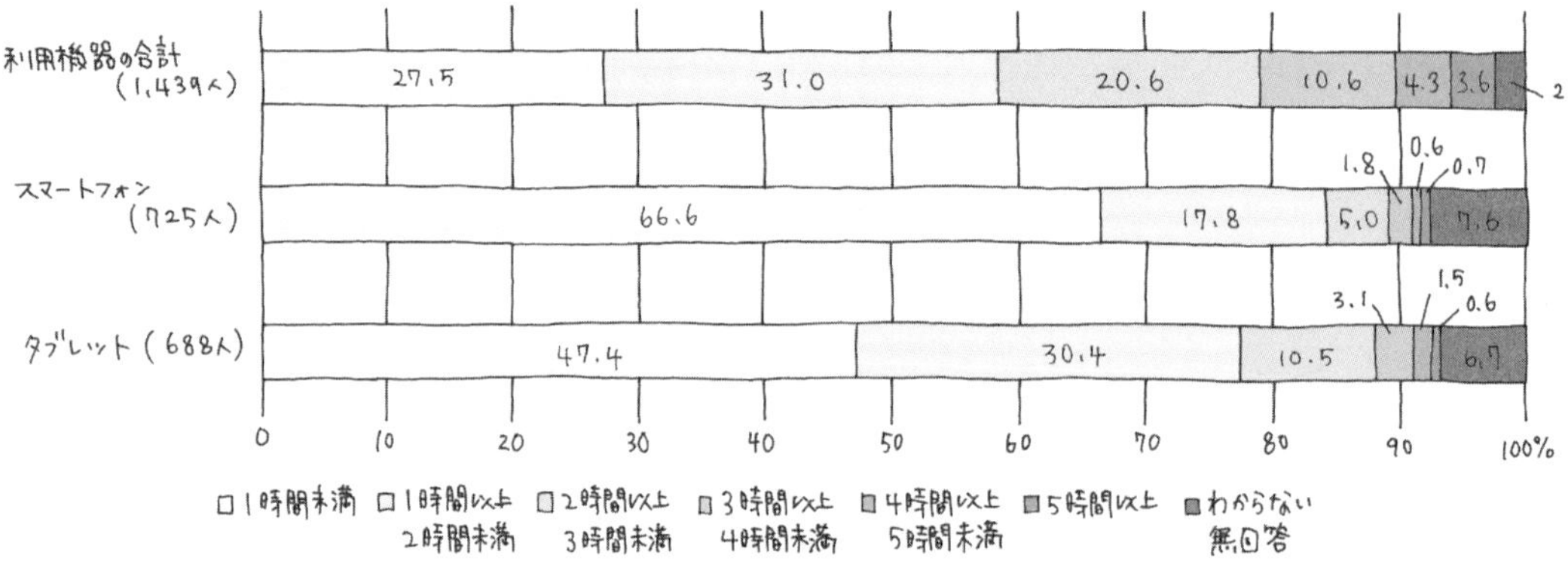

＊構成比は少数点以下第２位を四捨五入しているため、合計は必ずしも100とはならない。

出典：内閣府「令和２年 青少年のインターネット利用環境実態調査」

マホを決してもたせず、アップルコンピュータ創業者のスティーブ・ジョブズも、自分の子どものそばに、iPadを置くことすらしなかったそうです。

　こうしたゲームやスマホの脅威は日本に限ったことではなく、教育大国スウェーデンでも深刻な事態を招いており、精神科医であるアンデシュ・ハンセン氏の著書『スマホ脳』（新潮新書）は、各国で翻訳されて世界的ベストセラーとなりました。

インターネット利用が子どもたちの日常に浸透

　内閣府が公表している令和2年調査の「子供のインターネットの使用状況」によると、子ども（0〜9歳）の平日のインターネットの利用時間は、「1時間以上2時間未満」が31％と一番多く、「2時間以上3時間未満」が20・6％、「3時間以上4時間未満」が10・6％で、全体の4割近くが「2時間以上」インターネットを使っています（図表1）。

　その使用目的は、「勉強・学習・知育」での平均使用時間が21・2分、「趣味・娯楽」での平均使用時間が85・4分、「保護者・友人等とのコミュニケーション」での平均使用時間が11・2分という結果でした。

　さらに注目すべきが、インターネット上の経験行動についての回答で「保護者が注意してもインターネットをやめないことがある」小学

子どものネット依存症の
兆候が出始めている！

図表2　子どものインターネット上の経験行動

	n（人）	保護者が設定したパスワードを、保護者の知らないうちに、解除したことがある	保護者の知らないうちに、メッセージやメールを送ったり、書き込みをしたことがある	保護者の知らないうちに、ゲームやアプリで課金したことがある	保護者の知らないうちに、子供に不適切な内容が掲載されているサイトにアクセスしたことがある	インターネットにのめりこんで、保護者が注意してもインターネットをやめないことがある	インターネットにのめりこんで、睡眠不足などの体調不良になったことがある	実際に面識がない人とインターネット上でのやりとりを通じ、知り合ったことがある	その他に困ったことがある	あてはまるものがある（計）	あてはまるものはない	わからない	無回答
	人	%	%	%	%	%	%	%	%	%	%	%	%
(R02) 総数	1439	7.9	4.7	2.1	3.4	27.5	2.8	0.8	4	37.5	61	1	0.5
(R01) 総数	1273	8.2	5.3	2.2	2.9	29.9	3.7	0.5	3.2	40.8	57.4	0.9	0.9
(H30) 総数	1294	6.7	3.7	1.2	3.1	28.1	2.9	0.5	3	37.3	60.3	1	1.4
低年齢調査 ※	608	7.4	3.1	1	3.6	24.2	2.1	0.7	3.3	35.4	63.2	0.8	0.7
〔子供の性別〕													
男性	736	8.8	4.6	2.6	4.3	28.1	2.9	1.6	3.9	39	59.1	1.2	0.7
女性	703	7	4.8	1.6	2.4	26.9	2.7	-	4.1	35.8	63	0.9	0.3
〔子供の年齢別〕													
0 歳	6	-	-	-	-	16.7	-	-	-	16.7	83.3	-	-
1 歳	29	-	10.3	6.9	3.4	13.8	3.4	-	6.9	24.1	72.4	3.4	-
2 歳	81	2.5	2.5	1.2	-	18.5	1.2	-	1.2	23.5	76.5	-	-
3 歳	142	4.2	4.2	1.4	2.1	25.4	-	-	5.6	34.5	64.1	0.7	0.7
4歳	138	5.8	1.4	1.4	2.2	25.4	1.4	-	3.6	32.6	65.2	1.4	0.7
5歳	161	9.3	3.1	2.5	4.3	28	3.7	0.6	3.7	36	62.7	0.6	0.6
6 歳	173	8.1	4	2.3	4	28.3	2.3	-	6.4	39.3	59.5	1.2	-
7 歳	210	11	5.2	3.8	1.9	31	2.4	0.5	3.8	41.9	54.8	2.4	1
8 歳	233	9.4	4.3	1.7	4.7	27.5	5.2	2.6	3.4	40.8	58.8	-	0.4
9 歳	266	9	8.3	1.1	4.9	30.8	3.4	1.5	3.4	41	57.5	1.1	0.4

※「低年齢調査」とは平成 29 年 1 月に実施した「低年齢層の子供のインターネット利用環境実態調査」を指す。

出典：内閣府「令和２年 青少年のインターネット利用環境実態調査」

生（6～9歳）が約3割、「保護者が設定したパスワードを、保護者の知らないうちに解除した」小学生（6～9歳）が1割近くいるという結果です（図表2）。この3割の子どもたちは、ネット依存症の可能性が疑われます。**課金をしたり、不適切なサイトにアクセスしたり、インターネット上でのやりとりで知り合った人と実際に会ったことがあるなど、危険な経験行動へと向かう子どもたち**の比率は、このままでは増えていくだろうと想像します。

10代のスマホ依存への取り組みを始めた韓国

韓国はもっともスマホの普及率が高い国のひとつで、韓国政府の統計では10代のほぼ100％がスマホを利用しているとされ、過度の依存が認められる事態が深刻化しているそうです。学習意欲の低下、睡眠障害など、生活の自己管理ができない学

図表3　韓国政府が開発したインターネット依存自己評価スケールの15項目

1	インターネットの使用で、学校の成績や業務実績が落ちた
2	インターネットをしている間は、よりイキイキしてくる
3	インターネットができないと、どんなことが起きているのか気になって他のことができない
4	「やめなくては」と思いながら、いつもインターネットを続けてしまう
5	インターネットをしているために疲れて授業や業務時間に寝る
6	インターネットをしていて、計画したことがまともにできなかったことがある
7	インターネットをすると気分がよくなり、すぐに興奮する
8	インターネットをしているとき、思い通りにならないとイライラしてくる
9	インターネットの使用時間を自ら調節することができる
10	疲れるくらいインターネットをすることはない
11	インターネットができないとそわそわと落ち着かなくなり焦ってくる
12	一度インターネットを始めると、最初に心に決めたよりも長時間ネットをしてしまう
13	インターネットをしたとしても、計画したことはきちんとおこなう
14	インターネットができなくても、不安ではない
15	インターネットの使用を減らさなければならないといつも考えている

※各質問について、①全くあてはまらない、②あてはまらない、③あてはまる、④非常にあてはまる、の4つのうちもっともあてはまる回答をチェックすることによって依存レベルが判定される。

生も多く、2015年からは政府が運営するスマホ依存脱却のための合宿プログラムが開始され、中高生の参加も増えているということです。

こうした合宿施設では、スマホをもち込まずに2週間ほど過ごすわけですが、それでも合宿後に生活習慣が改善できず、さらなる医療支援が必要な深刻な依存状態の子どもたちもいるそうです。

図表3は、韓国政府が開発したネット依存症のスクリーニングテストです。このテストの開発者よりライセンスを得て翻訳・使用した、オンライン上で判定ができるテストが、久里浜医療センター（神奈川県横須賀市）のサイト上にあります（図表4）。その他、スマホ依存、ゲーム依存のテストも紹介されています。

図表4 **久里浜医療センターによるインターネット依存度テスト**（中高生および小学生用）

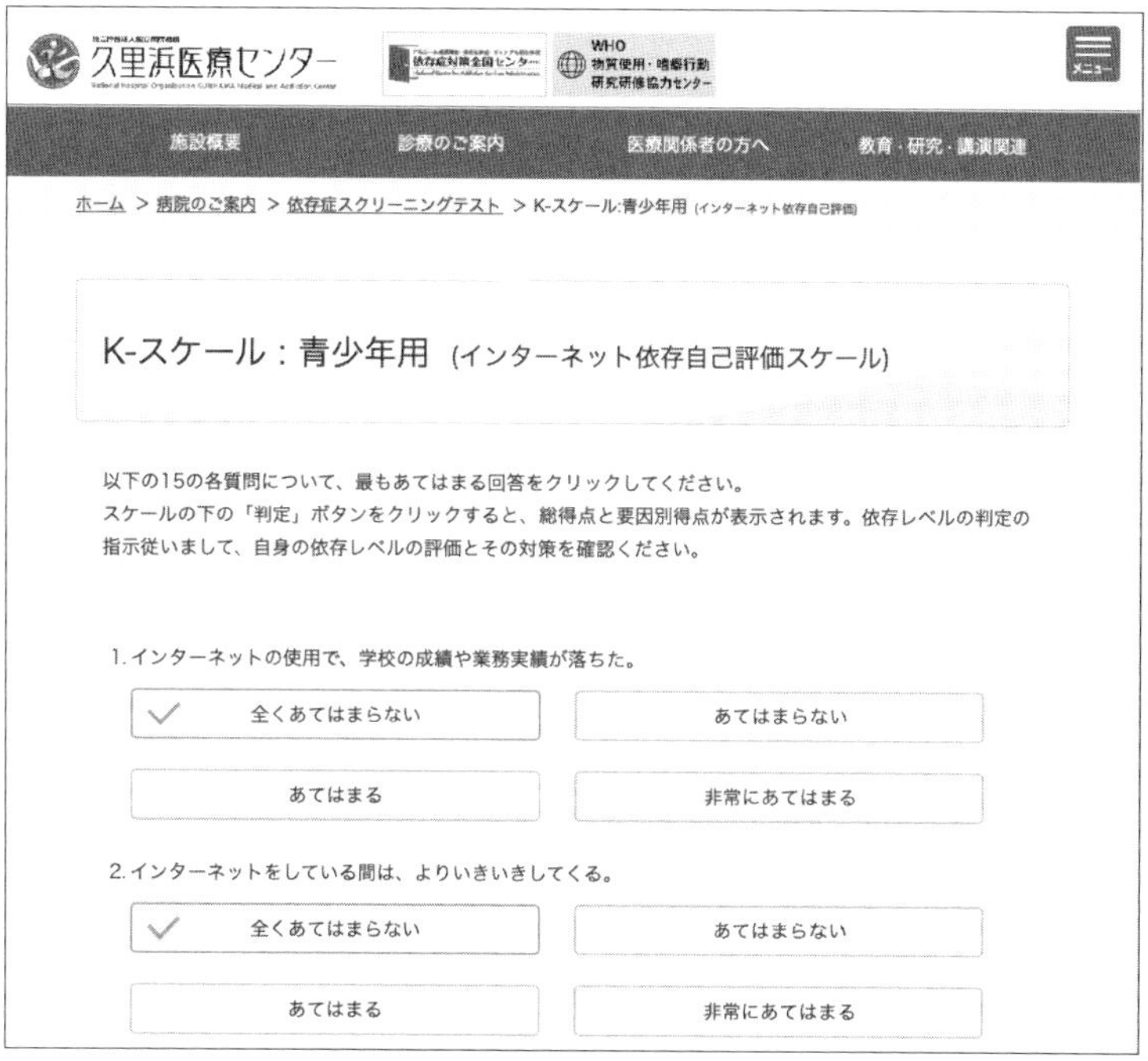

https://kurihama.hosp.go.jp/hospital/screening/

依存症を包括的に支援する社会へ

久里浜医療センターは国内で先駆的なアルコール依存症治療を実施し、現在は、ギャンブルやネット・ゲームを含めた依存症の治療・支援を提供している依存症対策全国センターでもあります。ネット依存、スマホ依存が世界規模で社会問題になり始めたことで、国内でも依存症への理解と支援が今後さらに必要です。

スマホ普及の低年齢化が進む日本においても、**子どものスマホ依存に対して政府主導でしっかり取り組む必要がありますが、現時点では親が担わなければいけません。**「自分専用のスマホがほしい」と子どもが言い出す時点で、すでにネット利用のノウハウを得ているだろうと思います。**幼少期から注意喚起をしながら、インターネットと接する時代**だということを肝に銘じなくてはいけません。

何のために勉強をするのか問われたら

- 学歴は職業の選択肢を広げる意味で有効
- 受験勉強を通して高いノウハウ学力を養う

明治初期に始まった普通教育

文部省が設置されたのは、廃藩置県が行われた明治4（1871）年です。翌年に学制が公布され、小学校・中学校・大学校での教育が始まりました。それまでも藩校や私塾、寺子屋など社会的身分や経済的地位によってそれぞれ学びの場はありましたが、欧米を真似て資本主義社会をつくるべく、すべての子どもが新時代の有用の学を修めなければならないとのお達しが出たのです。

けれども、農家であれば農繁期には学校に行かせるよりも働き手として必要ですし、職人の子であれば学校に行かずとも仕事場で親方に倣い、商人の子であれば番頭の雑用を務めながら商いを学んで一人前になれるわけです。

パナソニックの創業者である松下幸之助も、9歳で故郷の和歌山を離れ、商売の本場である船場（大阪）で15歳まで丁稚として働き、のちに起業して大成した一人です。

このころは普通教育を受けなくても技能を習得する徒弟教育が成り立っていたこともあり、家業によって、あるいは才能によって普通教育を受けなくても生活を営むことができた時代だったのです。

戦後、高学歴と高収入を誰もが目指せる時代に

戦前までは、大学へ進学して高い賃金を得ることができたのは、裕福な家庭や高貴な家柄など、限られた人のみでした。戦後の高度経済成長によって国民の所得が大幅に増えると、一般家庭でも教育にお金をかけられるようになり、大学へ進学するチャンスを得るようになります。

高学歴を得ることは、高収入が約束されるようなもので、人生を好転させようと多くの人が大学受験に挑

むようになり、受験戦争が始まりました。**大学受験を制し、卒業して一流企業に就職すれば人生は安泰。**マイホーム、マイカーを手に入れ、専業主婦の妻と子どもたちが、何不自由なく暮らせる時代でした。

ところが90年代に入ると状況が一転します。バブル崩壊、リーマン・ショックなど金融危機によって深刻な就職難となり、就職氷河期とも呼ばれるようになります。

新卒採用の内定をもらえないまま卒業し、フリーターや派遣労働で収入を得るようなワーキングプアに陥る人が続出したり、採用された場合にも実際にはブラック企業で、離職を選ばざるを得なくなったり。高学歴であることが将来を約束するものではなくなったのです。

学歴の価値はなくなってしまったのか？

極端な話、80年代まではだまっていても業績が伸びるような好景気だったため、企業が人材に求める資質は実際にはそれほど高くはなかっただろうと思います。大卒の学力さえあれば、自社の戦力となるように入社してから育成する余裕もあったからです。

しかし、90年代以降の不況下では、企業側は即戦力になる人材、利益を確実に上げることができる人材を必要とします。ですから、**学歴の価値がなくなったわけではなく、学歴プラス実力主義へと考え方が移行した**ということでしょう。

コンテンツ学力とノウハウ学力

9年間の普通教育のカリキュラムには、大人になっても使わない知識が、むしろ多いかもしれません。これは、その道に特化した徒弟教育では職業が限定されることに対して、どの道に進んでもいいように、広範囲の知識を得られるように組まれているからです。子どもから「この方程式は、何に役立つの？」と問われたら、職業選択の自由のための学習パッケージのひとつで、大学などの高等教育を受けるために理解しておくと有利になることを包み隠さずに教えていいと思います。

これらの学習パッケージを学んで得られる知識や計算力が「コンテンツ学力」です。そして、勉強することに付随して得られる勉強の方法論が「ノウハウ学力」です。

受験を制するうえで必要となるのは主にコンテンツ学力ですが、社会に出て役立つのは、圧倒的にノウハウ学力です。ですから、必ずしも成績トップの人が、社会人として業績トップになるとは限りません。

受験勉強は、勉強のやり方を身に付けるための非常に有効なトレーニングであると割り切り、ノウハウ学力の向上も意識させることが大切です。

学力＋野心で成果を上げる

いまや主要国では大卒者の比率は6割に達する時代です。さらにアメリカでは2割が大学院に進学し、博士課程を修めた人でなければエリートとは呼べないほどです。

また、日本では18歳で大学へ進学する人が多くを占めますが、海外では一度社会へ出て、自分で費用をためてから大学へ進学する人が多く、年齢も目的もバックグラウンドも多様です。そうした人たちと、将来グローバル社会でともに生きていくために、**自発的に学び続け、試し続けることが大事**になると思います。

昔ほど学歴は意味をなさないと述べてきましたが、東大は今でもやはり価値の高い大学のひとつだと思っています。秀才というだけでなく、くだらないことでも徹底的に突き詰めていく探求心のある学生、変わり者だけれどマインドのある面白い学生、自分が世の中を変えるという野心に溢れた学生らとたくさん出会い、いい意味で触発されます。

実際に攻めの姿勢の学生たちが得意の分野で結果を出しており、新しい技術やアイデアで新規事業を立ち上げる大学発ベンチャーの企業数はトップです。その業種は、バイオ・ヘルスケア・医療機器と、ＩＴ（アプリケーション・ソフトウェア）が抜きん出ています。私も東大ＯＢとして頼もしく、誇らしい限りです。

学びにはゴールはない
生涯学習と学び直し

何のために勉強するのかと子どもが疑問を抱いたなら、「一生使える勉強のやり方を学ぶため」と答えてはどうでしょう。

そして、受験の合格はゴールではなく、次のスタート地点であり、**学校も社会も入ってからが厳しい時代となった今こそ、世の中の動きに合わせて自ら勉強できる人、誰も考えないような発想を生み出す人が求められています。**

ゲームアプリを80代で開発し、２０１７年に世界最高齢のプログラマーとして世界を沸かせた若宮正子さんは、大手銀行を退職後、60代でパソコンを使い始めました。ネット上の知人から教えてもらいながら自力でホームページを立ち上げ、旅行記を公開するようになったり、エクセルと手芸を融合した「エクセルアート」を開発したりしながら、ＩＴスキルを磨いたそうです。75歳からはピアノ教室にも通い始めるなど、こうした学びを楽しむ精神が世界を驚かす偉業につながりました。

人生１００年時代ですから、最終**学歴止まりでは勝負できないのは明らかですし、何より自分自身が楽しむための学びも必要です。**そのためにも、子どものうちから学ぶための基礎をつくってほしいと思います。

Column

大学発ベンチャーのトップは東京大学！

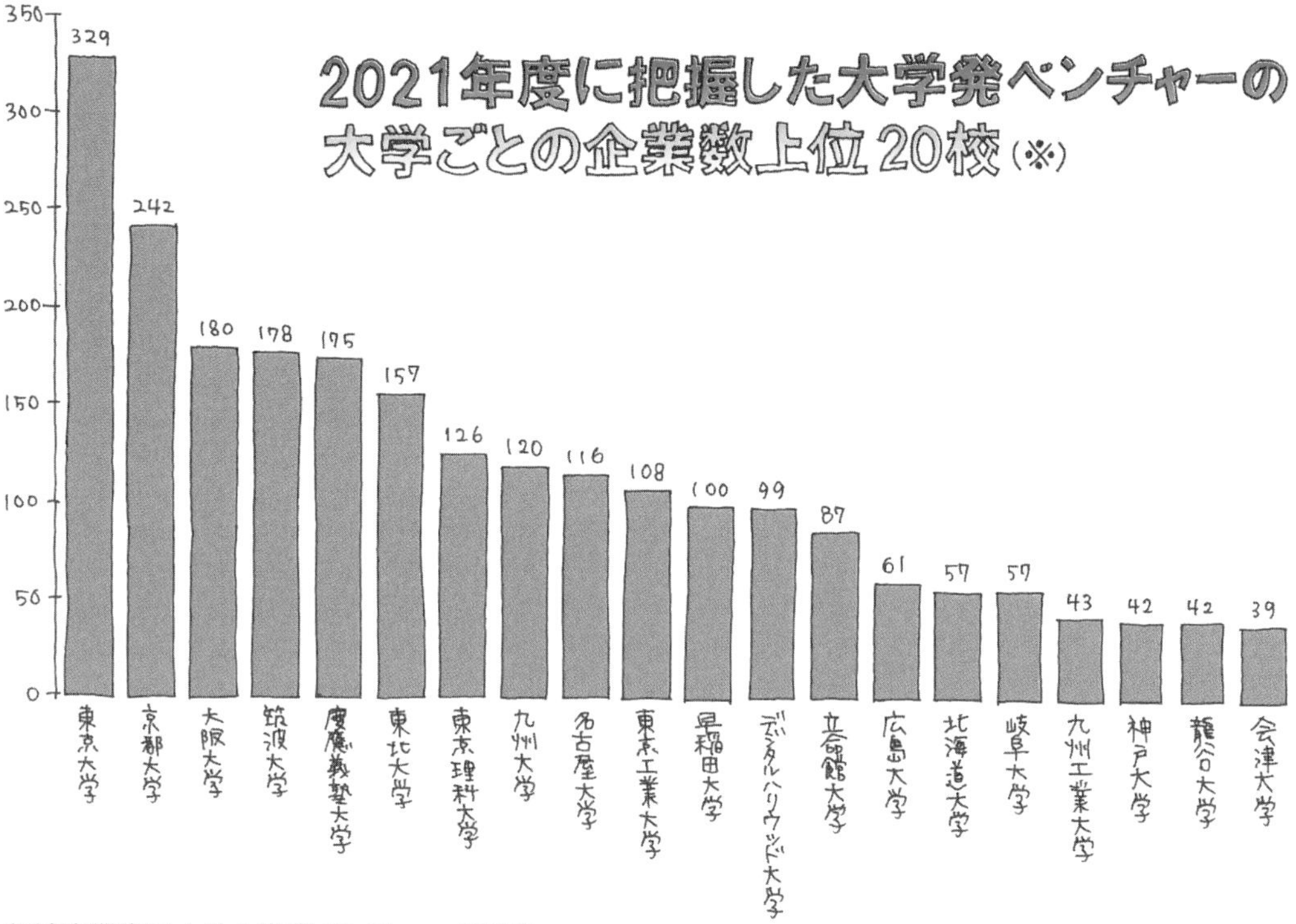

経済産業省による大学発ベンチャーの区分

● 研究成果ベンチャー

→大学で達成された研究成果に基づく特許や新たな技術・ビジネス手法を事業化する目的で新規に設立されたベンチャー

● 共同開発ベンチャー

→創業者のもつ技術やノウハウを事業化するために、設立5年以内に大学と共同研究等を行ったベンチャー

設立時点では大学と特段の関係がなかったものも含む。

● 技術転移ベンチャー

→既存事業を維持・発展させるため、設立5年以内に大学から技術移転等を受けたベンチャー

設立時点では大学と特段の関係がなかったものも含む。

● 学生ベンチャー

→大学と深い関連のある学生ベンチャー

現役の学生が関係する（した）もののみが対象。

● 関連ベンチャー

→大学からの出資がある等、その他大学と深い関連のあるベンチャー

参考：大学発ベンチャーデータベース（経済産業省）

※記載する大学発ベンチャーは、必ずしも大学が正式に認定した企業ではありません。「関連大学」は、経済産業省の調査に基づくものであることをご留意ください。また、複数の大学に関係がある企業はそれぞれの大学でカウントされています。そのため、大学別の合計数と大学発ベンチャー数とは一致しません。

宿題はやらなくてもいいの？

☑ 簡単すぎる宿題はやらなくてもよい

☑ 宿題をやらなくてもよいが、理由が大切

学力と宿題の難易度のミスマッチを解消する

小学校低学年の宿題といえば、漢字の書き取りや計算ドリルが定番の課題です。家で勉強をする習慣が身に付いていない子にとって、宿題は自主的に家庭学習をするようにしていくための第一歩となります。

ところが、子どもの学力によって簡単すぎる宿題もあれば、難しすぎて自力で解くことができない宿題が出されることもあります。

子どもが自主的に宿題に取り組めるようにするためにも、わからないときには家庭教師や塾の力を借りてもいいでしょう。

また、学校の宿題では、算数や国語以外の課題が出されることもあります。図画工作のように、子どもによって得意・不得意が影響する課題の場合には、苦手な子に無理してやらせなくてもいいでしょうし、親が手伝ってあげてもいいと思います。

ただし、宿題が一期一会の体験となることもあります。やらなくてよいと判断するのは慎重に。

宿題をやるか、やらないか子どもに決めさせる

原則として、宿題はやるべきです。ただ、「簡単すぎる」、「受験に関係ない」などの理由でやらないことがあってもいいと、私は思っています。

とくに小学校高学年になったら、宿題をやる・やらないは、子どもの判断に任せてもいいでしょう。

ただし、親である以上、わが子が宿題をやっているか、やっていないかを把握しておくことは必要です。

先生からの連絡で子どもが宿題をやっていないと知った場合は、なぜ親に黙っていたのかが問題です。「反抗心から言わなかった」「怒られたくなくて言えなかった」などの理由であればいいのですが、**「宿題が難**

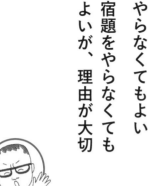

グラフ① 1日あたりの宿題の量（小学校教員／経年比較）

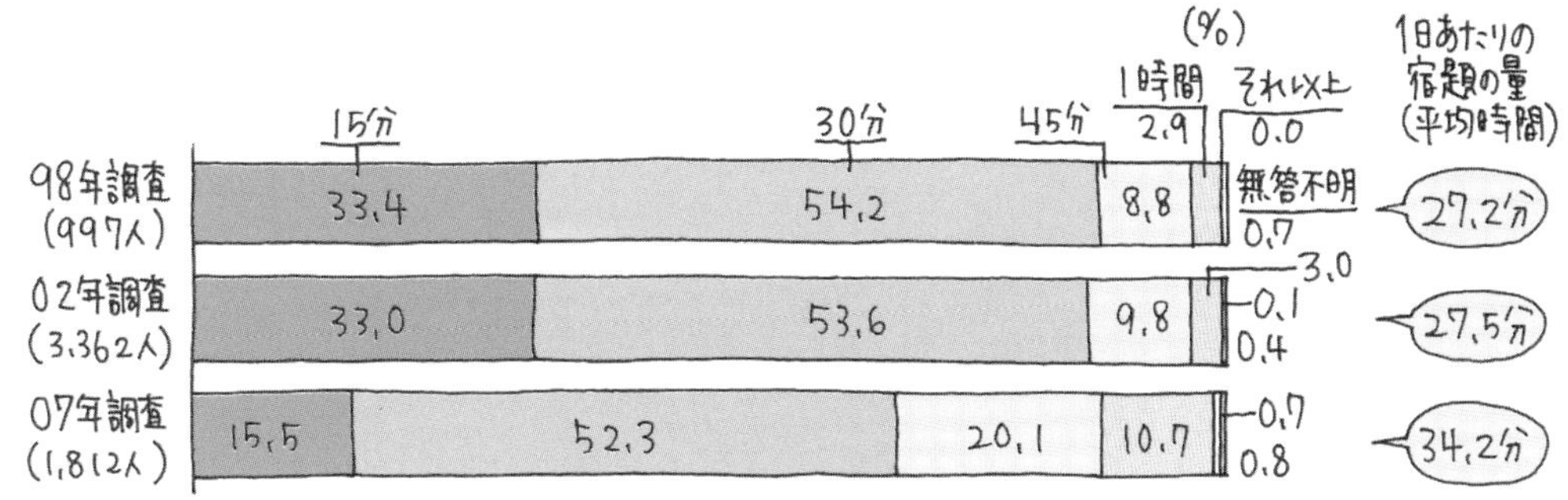

注1）宿題を「毎日出す」～「月に1回くらい出す」と回答した教員のみ対象
注2）平均時間は、「1時間」を60分、「それ以上」を75分のように置き換えて、「無答不明」を除いて算出。
出典：ベネッセ教育総合研究所 第4回学習指導基本調査報告書

グラフ② 学習時間の内訳（東アジア3都市）

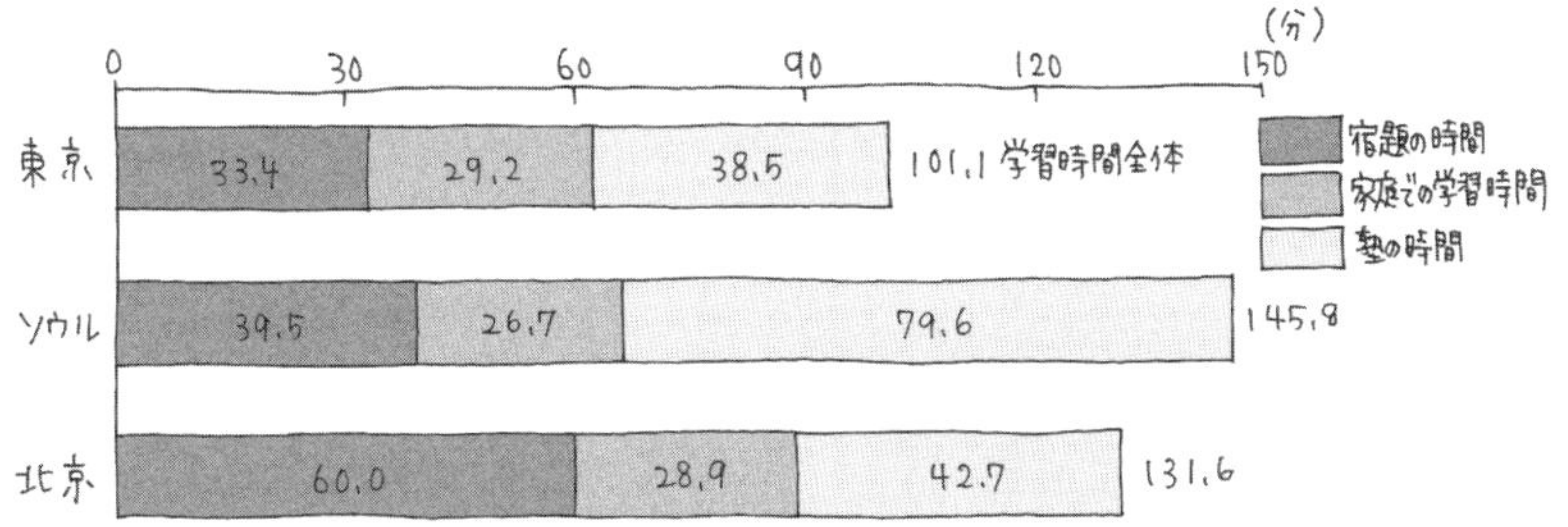

注）「塾の時間」は、週あたりの通塾日数と通塾1回あたりの学習時間から1日あたりの平均時間を算出した。塾に通っていない者は「0分」とし、全体を母数にして平均値を算出。また、「家庭での自学時間」は、学習時間全体から「宿題の時間」と「塾の時間」を引いて算出した。
出典：ベネッセ教育総合研究所 学習基本調査・国際6都市調査［2006年～2007年］

しくてできなかったことを知られたくなかった」という理由であれば、しっかりと子どもの学習をサポートしてあげてください。

宿題の量が増えているが本当に「多すぎる」のか

近年、学校の宿題の量は増加傾向にあるといわれていますが、実際のところはどうなのでしょう。

まず、小学校教員がどのくらいの宿題を出しているかを見てみます（グラフ①）。98年と02年では、ほとんど変わらなかった宿題の量が、「ゆとり教育」が批判され始めるようになった07年になると、足りない学習量を補うためか、宿題の量はたしかに大幅に増えています。

しかし、アジアの3都市で「宿題の時間」を比べると、東京はもっとも短く、世界レベルでは「多すぎる」といわれるほどの量ではないことも明らかです（グラフ②）。

日本の道徳教育について

- かくあるべし志向の道徳では心を病みかねない
- たくさんの偉人伝から自己の解釈で学ばせる

押しつける「人の道」は心を苦しめてしまう

道徳とは、「正邪・善悪の規範」だと私は解釈しています。人が従うべきルールが「道」であり、そのルールを守ることができる状態、つまり社会通念上よいとされる気質や能力、人の見本になるような資質のことを「徳」だと区別しています。

政府は、いじめ問題や自殺問題を解決するために「心の教育」が必要だとして道徳教育を重視し、小中学校で特別教科としています。しかし、指導要領でその内容を見てみると、実際には「道」の要素が強いと感じます。小学生向けにやんわりと説いていたとしても、人としてこうあるべきである、という本質に変わりはありません。ましてや心の教育として十分に教えられているかといえば、そうは思えません。

精神科医的私見では、**上から押しつける、単なる「人の道教育」は、むしろ子どもの心を苦しくさせる**と思います。このような、うつ病をつくり出しかねない教育を政府が推し進めていることに、私は常々疑問を感じています。

道徳教育よりも法律教育が必要

人は、徳のある人が周りにいると、伝播していい影響を受けます。例えば大学の医局でも、腰の低い教授の周りでは、腰の低い医師や看護師が、患者ファーストで親身に接しています。夜中だろうが早朝だろうが教授自ら対応に当たっていると、下の者もそうなっていきます。逆もしかりで、教授が偉そうにしていれば、その下の医師も患者に対して偉そうに接しています。製薬会社の接待漬けで夜な夜な忙しくしている方もおられます。

　政治の世界ではどうでしょう。人の道に外れる行為に対しても、国会で「法律を破ってはいない」などとぬけぬけと答弁し、お咎めなしで済まそうとする大臣はじめ、議員たちには嫌気がさします。そんな「道」も「徳」もない大人が決めた施策の道徳教育が、いじめ問題や自殺問題の解決になるでしょうか。

　いじめ行為の多くは犯罪です。カツアゲは恐喝罪、SNSの書き込みでPTSD（心的外傷後ストレス障害）になったら傷害罪です。**いじめ行為は学校が処分するのではなく、法が処分すべきことです。いじめをなくすためには、法律教育が必要**であり、いじめは罰せられる行為だということを認識させる必要があります。

　そして自殺問題に対しては、アメリカなどで導入されているように、

小学校道徳教科書の内容

1	善悪の判断、自律、自由と責任
2	正直、誠実
3	節度、節制
4	個性の伸長
5	希望と勇気、努力と強い意志
6	真理の探究
7	親切、思いやり
8	感謝
9	礼儀
10	友情、信頼
11	相互理解、寛容
12	規則の尊重
13	公正、公平、社会正義
14	勤労、公共の精神
15	家族愛、家庭生活の充実
16	よりよい学校生活、集団生活の充実
17	伝統と文化の尊重、国や郷土を愛する態度
18	国際理解、国際親善
19	生命の尊さ
20	自然愛護
21	感動、畏敬の念
22	よりよく生きる喜び

（小学校学習指導要領）

自殺予防教育として切り離して対応する必要があります。**うつっぽいときにはどうすればいいか、死にたいと言われたら、誰にどのように関わればいいのか、という教育をしていかなければ、命を守れない時代に**なってきています。

徳を教えるには まずは偉人伝

私は子ども時代や青年時代、人の話は聞かないし、性格は悪いし、いわゆる嫌なヤツでしたが、今はその逆を生きていると思っています。それは、老人精神医学の分野で出会った故竹中星郎先生をはじめ、徳のある方々の影響を受けたり、精神障害の患者さんに寄り添ったりするなかで培われたものだと感じています。

社会に出れば、徳のある人との出会いがあるかもしれませんが、子どものうちは歴史上の人物など、世のため人のために生きた偉人の生き様から「徳」を学ぶ方法が一番有効です。テスト対策で、肖像画と名前、生きた時代を一致させる暗記問題で終わっていたら意味がありません。

書籍にまとめられた偉人伝で、**その人が誰のため、何のために立ち上がり、何を成し遂げたのかを通して読むことで、多くの「徳」を自然に学び取ることができる**と思います。しかも、それは上から押しつけるものではなく、どの部分がどのように響き、胸に刺さるかは人それぞれに違います。自分の心で感じるからこそ、本物になるのです。

本を読むのがあまり好きではない子どもには、大河ドラマなど歴史上の人物にスポットを当てたテレビドラマや映画を入り口にしてもいいと思います。

国際化時代の 道徳教育

道徳教育というのは、国によって規範がまったく異なります。それは宗教や文化の違いであり、全世界共通というわけにはいきません。ただ、国際目標として掲げられているSDGs（持続可能な開発目標）のように、グローバル・スタンダードが変わることによって、各国の道徳教育にも変化が生じてきます。

LGBT（性的マイノリティ）に対しても、かつては背徳行為として道徳的によしとされていなかったものが、理解し、支援する方向に大きく転換しました。政府のなかには、いまだこうした認識ができておらず、時代錯誤の発言で非難を浴びている場面をよく目にしますが、日本だけでの道徳意識では世界には通用しないのは明らかです。

もてる者の社会的責任 ノブレス・オブリージェ

顕著に日本人に欠けているのが「ノブレス・オブリージェ」の精神

ノブレス・オブリージュ

フランス語
la noblesse（貴族）＋ obliger（義務）

財産、権力、社会的地位をもつものには、社会的義務が伴う
→主に富裕層、有名人、権力者、高学歴者が「社会の模範となるようにふるまうべきだ」という社会的責任

です。欧米では、成功した人は多額の寄附をするのが当然だと認識されています。むしろ、寄附して人々を幸せにしたいから自分が金持ちになろうという発想です。

日本の場合には、自分や家族の幸せのために金持ちになろうとし、成功しても寄附をしようとは考えません。近年になって、一部の著名人らが、災害時に寄附を表明するようになってきましたが、今後は**日本人もノブレス・オブリージュの精神で、自分が何をなさなければいけないかを考え、行動で示すことが求められます。**

子ども時代に道徳教育は必要か

親としては「勉強だけ優秀であればいい」「スポーツでとにかく勝てればいい」という偏りのある考え方は、人間としてどうかと不安を感じるかもしれません。でも、伸びる時期に余計な押しつけをするよりも、できるだけ才能を伸ばしたほうがいいと私は思っています。

「衣食足りて礼節を知る」ということわざもあるように、礼儀や節度は後から自然と身に付く部分もありますから、今は、最低限の法律の知識、そして命を大切に考える心の教育を、親目線で伝えてあげるくらいで十分なのではないかと考えています。

生活習慣と道徳に関する叱り方の原則

- ☑ **叱る前に子どもの言い分をしっかりと聞く**
- ☑ **親の価値観の押しつけはせず、冷静になって叱る**
- ☑ **悪い行為を叱り、人格は否定しない**

子どもを叱ってはいけないのか

子どもは褒めて育てるという育児方針がもてはやされる一方で、悲惨な虐待のニュース報道が絶えない昨今、まるで叱ることがいけないかのような風潮に困惑する親御さんも多いと思います。けれども、危険なことや悪いことを叱ることなく子育てはできません。幼児のうちは、ところ構わず大泣きするので外で叱るのは気が引けたとは思いますが、小学生になると、落ち着いて親の話も聞けますし、自分なりの考えを伝えることもできます。**叱る前に、まずは子どもの話を聞くことが大事**です。

早合点と感情的な叱り方は禁物

ママ友からの情報で、あるいは学校からの電話で、わが子がいじめの加害者と目されていることを知らされたとします。子どもが帰宅するなり、強い言葉で叱りつけたくなるかもしれませんが、一度、そこで踏みとどまらなくてはいけません。

人は怒りでカッとなるとエスカレートしやすく、本来の問題とは関係のないことまで責め立てたりして収拾がつかなくなりがちです。まずはどういう事情があったのか、本人の口から説明を聞いてください。子どもなので作り話もあるかもしれません。その場合には、私が聞いている話とは違うけれど、本当のことがわからないとお父さんもお母さんも困るし、あなたのためにならないよと、真実を追求することも必要です。

トラブルが発覚した時点では加害者側だとしても、それまでの経緯が大事で、逆にこちら側が辛い思いをしていたということがあるかもしれません。**真実を聞いたら、まずは正直に打ち明けてくれたことを褒めてあげましょう。そして共感できる部分は共感をしてあげる、悪い部分は**

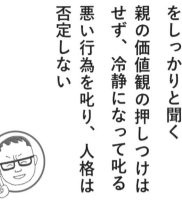

何が悪かったのか、他にどんな選択肢があったのかを一緒に考えながら叱ることが望ましいと思います。

本音と建て前と、法律を教えること

子どものうちは、見たまま、感じたままを口に出します。日本は言論の自由も思想の自由もありますから、腹のなかで思うことは勝手です。そうした本音の部分は、親子間では口に出し、共感できることは共感したほうが信頼関係上いいでしょう。

ただし、本人が変えられないことをバカにしたり、批判したりする差別的な言動は慎むように教えなくてはいけません。建て前と本音のコミュニケーション術を習得することで、トラブルを回避できます。

また、この国にいる以上は納得できなくても従わなければいけないのが法律であり、法律違反は大人であれば処罰されることをしっかりわからせることが大事です。ただし、法律がすべて今の時代に合っているとは限りません。民主主義国家は国民がおかしいと思えば法律も選挙で変えられることも、ぜひ話題にして議論につなげてほしいと思います。

叱っていい場面と叱り方

- **変えられる（改善できる）ことをしない行為を叱る**
- **法律に触れることは叱る**
- **相手を傷つけること、差別に当たることは叱る**
- **学校のルール、家庭のルールを破ったら叱る**
- **変えられないもの（結果や先天性）は叱らない**
- **「食べさせてやっている」「自分（親）が子どものころは」という親の価値観の押しつけで叱らない**
- **ルールにする前に叱らない**

例えば、テストの悪い点数を受け止めて、次の対策を講じるべきところを、ヘラヘラしてゲームをしていたら、その行為は叱るべきでしょう。

また、その学校に入学を同意するということは、校則を守ることを前提とした契約と同じです。守れない校則があるなら、その学校を志望しなければいいわけで、入学した以上は守らなくてはいけません。

一方で家庭内のルールを決めるときには、例えば門限を20時と考えるなら、子どもとの約束は18時にしておくなど、破られても親が焦らない時間で設定するのがポイントです。

叱るうえで大事なのは、愛情があって叱っていることをわからせること。**「悪い子」なのではなく、「悪いことをした行為」を叱り、決して人格を否定しないこと。**そして、過ぎたことをしつこく言わないようにしましょう。

思春期が始まったと思ったら

- 身体の変化、性のめざめは自然なことだと伝える
- 親への秘密も、成長の一環と考える
- 大人になることの意味を教える

思春期とは？

小学生はまだまだ子どもだと思っていても、高学年は生物学的には性の分化の時期です。わき毛や陰毛が生え始めたり、女の子は胸がふくらんできたり、初潮を迎える子もいます。裸や性的描写に興味を抱き、精通を迎える男の子もいます。こうした身体の変化は、本人の意志とは関係なく、女性ホルモン、男性ホルモンが分泌されることで起こります。生殖機能が発達して大人の身体へと成長していくわけですが、この変化の時期がいわゆる「思春期」です。

成長には個人差がありますから、思春期を迎えるタイミングや現れ方に、良いも悪いもありません。小学校でも性教育の授業はありますが、十分な理解が得られているとは言えず、自身の身体の変化に対して、「自分はおかしいのでは？」と悩む子が少なくありません。なかには子どものままでいたいと感じて、成長を受け入れたがらない子もいます。

初潮を迎えたら赤飯を炊いて家族で祝うという慣習も、初潮について知られるのが恥ずかしいからと本人が嫌がるため、昔ほど行われなくなったようです。知られたくないと思わせてしまっている日本の社会の風潮も、性に対する理解が十分ではない証拠です。日ごろから親子で話しやすい関係を大事にし、**身体の変化や性のめざめは自然に起こることであり、喜ばしい成長の節目**であることを伝えてほしいと思います。

親の価値観から親友の価値観へと変化

思春期には、身体の変化だけでなく、心理的・行動的な変化も起こりやすくなります。例えば、好きな人ができて、恋心を秘める子もいれば、積極的にアプローチする子もいます。親に隠れてエロ本やエロ動画

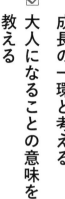

を、ドキドキしながら観る子もいるでしょう。また、自分の容姿を気にするようになり、コンプレックスに感じて悩む子もいれば、かわいく見せたい、かっこよく見せたいと、おしゃれに気を配る子もいます。

　こうして自分の欲求で行動するうちに、この人になら何でも話せるという「親友」と出会います。それまでは親の価値観に染まっていた子が、次第に親友の価値観に染まり始め、親の目の届かないところへ行動範囲を広げていくため、親への秘密が増えていきます。親が子を干渉すればするほど、親への秘密はさらに増えていき、ときにはケンカになったり、悪態をついたりもします。このようにして「反抗期」が始まります。

　反抗期は、子どもにとっては親離れの、親にとっては子離れの準備段階でもあります。**親の言うことを聞いてばかりいては、子どもの自主性が育まれません。親への秘密が増えたり、親子でぶつかったりするのも、成長していることの証**です。ただし、受験を控えている場合には、親友の存在が足を引っ張ることも考えられます。できれば思春期の前に、進学塾などで学力を高め合える子と親友になれるよう、親がお膳立てをすることも賢い方法だと思います。

変わっていく身体

自身の将来のことを少しずつ考えさせる

　生物学的には、生殖器が発達し、親になる（子どもができる）状況にあるのが大人です。子どもを産み、育てるためには仕事をして収入を得て、養う責任が伴います。将来、その責任を果たせる大人になれるように、今は勉強しなくてはいけないということを理解させましょう。

　親に言われて何となくやっていた勉強も、職業の選択肢を広げておきたい、仕事ができる優秀な人になって素敵な結婚相手を射止めたい、たくさん稼いで家族を幸せにしたいなど、**どんな未来を生きたいかを想像することで、主体的に学習に取り組むようになる**と思います。今は、しっかり勉強したほうが得だと理解できれば、悪い親友に振り回されたりすることは、自分にとって不利益なことだと判断できるはずです。

思春期の学習について

- リビングルーム学習が基本
- 勉強の妨げになるもの、生かせるものを見極める
- どんな人がモテるかを伝える

性のめざめと勉強面への悪影響

小学生にとって主に勉強の妨げとなるのが、ゲームの存在ではないでしょうか。ゲーム遊びの時間は親がある程度コントロールできると思いますが、思春期を迎えると、性的なことに関心が向いたり、好きな人のことを想像したりして、まじめに机に向かっているように見えても、実際には勉強に集中できていないということがあります。特に、調べものをするためにスマホやタブレットを使わせている場合には、勉強とは無関係なコンテンツを見て、歯止めが利かなくなる恐れがあります。

こうした脱線を防ぐため、少なくとも小学生のうちは自分専用の勉強部屋よりも、親の目が届きやすいリビングルームでの学習が望ましいです。また、インターネットを使用する方法として、スマホやタブレットよりも、タイピングに慣れるという意味でもパソコンのほうをお勧めします。

親への反抗心で勉強をやめないために

リビングルーム学習もそうですが、成長するにつれて親の干渉がうっとうしく感じ、言いなりになりたくないという反抗心がめばえてきます。親や学校、社会の価値観に左右されず、自分の意志を貫く不良が主人公の漫画などに憧れるのは、親に頼っている自分を脱したい気持ちがあるから。反抗期は精神的な大人への移行期でもあります。

この反抗的なエネルギーを学習面でいかにプラスに働くようにもっていけるか。親があまり出しゃばってしまうと「もう、勉強しない」「中学受験なんてしないからね」などと言って困らせたり、反発したりすることにもなり得るので、**子ども自身**

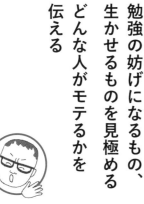

が具体的な目標を据えて、学習していけるようなサポートをするのが賢明です。

今だからこその感受性や伸びる力もある

思春期特有の悶々とした気持ちや、大人への反抗心は、学習面においてプラスの変化をもたらすこともあります。わかりやすい例では、片想いの異性が同じ塾でレベルが上のクラスだった場合に、同じクラスに上がるため、猛勉強する原動力になるなど。あるいは、親が指図した学習メニューではなくて、自己流の対策で結果を出して鼻を明かしてやりたいという場合もあるでしょう。

また、思春期のころには、小説を読んで心の機微を掴みやすくなっていると思います。読書の楽しさを知ることにより本から学ぶことが格段に増えますし、国語の長文問題対策としても有効です。あるいはテレビで報道されている事件や社会情勢にも関心が向くようになれば「なぜ、自分と同世代の人たちが、貧困や差別で辛い思いをしているのだろう」と疑問を抱いたり、弱い人の立場に立って物事を考えたりと、自分に何ができるかを問うきっかけにもなります。こうした疑問や葛藤が、将来の道につながっていくかもしれません。「この本、興味ある？」「こんな職業もあるよ」と関連する情報を、さりげなく渡してあげるといいと思います。

モテたい、成功したい

中学受験に臨む小学生本人は、試験の成績がいいとお母さんが褒めてくれるから、もっとお母さんを喜ばせたいから、ということの延長線上での勉強になっている場合もあります。将来、成功するためには学歴が必要であり、今から勉強をがんばれば一流大学を出て社会的にも受け入れられやすい。そのための中学受験であることを認識させましょう。

では、**成功者とは**どんな人なのでしょうか。**社会や企業からモテる人であり、恋愛対象としてもモテる人、**という説明だとわかりやすいかもしれません。私の世代では慶應ボーイがモテる男の代名詞でしたが、私は「東大に入って女の子にモテたい」と思って勉強していました。「モテたい願望」は受験勉強のモチベーションアップに大いに貢献します。

思春期の栄養について

- ☑ 栄養が命を守り、パフォーマンスを左右する
- ☑ 多品目の食事で栄養素を効率よく摂取する
- ☑ ダイエットはさせない

栄養学が軽視されて命を落としてきた日本軍

日本の栄養学の歴史を語るうえで外せないのが、陸軍軍医の森鴎外（森林太郎）と海軍軍医の高木兼寛の脚気《かっけ》論争です。江戸時代、玄米食から白米食に代わっていくにつれて、のちに脚気とされる「江戸わずらい」で多くの人が亡くなっていました。日清戦争、日露戦争の折には、戦死よりも脚気にかかって死ぬ兵士が多いような状況に。森は脚気の原因は細菌によるものだとしました。これに対し、イギリスへの留学経験のある高木は、脚気の原因は兵食の栄養不足によるものだとして、肉類を加えた洋食化を唱えました。高木は調査を経て、脚気の原因は体内でつくることができない何らかの栄養素の不足によるものと考えたのです。

これがきっかけで豚肉を入れた海軍カレーが誕生するなど、洋食化によって海軍兵士の脚気による死亡は劇的に減りました。また、当時は世界的にもビタミンの存在は知られておらず、その物質の欠乏によってさまざまな病気を引き起こすことを世界に示し、栄養学の発展に貢献しました。

心の健康に必要なブドウ糖とたんぱく質

お腹がすくと怒りっぽくなるとよく言われますが、空腹感だけでなく栄養素の不足が関係しています。

ブドウ糖が不足しているとイライラしやすく、場合によってはうつになりやすくなります。朝食を抜くような生活では、学習にしても、スポーツにしても、いいパフォーマンスは期待できないでしょう。

また、たんぱく質からつくられるアミノ酸のなかにトリプトファンという物質があり、これが神経伝達物質のセロトニンの材料になります。

たんぱく質をしっかり摂れていれば、セロトニンによって心が安定しやすくなります。足りていない場合には、うつになりやすいのですが、子どもの場合、うつまではいかなくても精神が安定しにくかったり、不安感が強くなったりすることが考えられます。**しっかり食べて心が安定することで、よく学び、よく遊び、よく寝るという好循環が維持できます。**

図表1 一食当たりの摂取食品数と学習成績

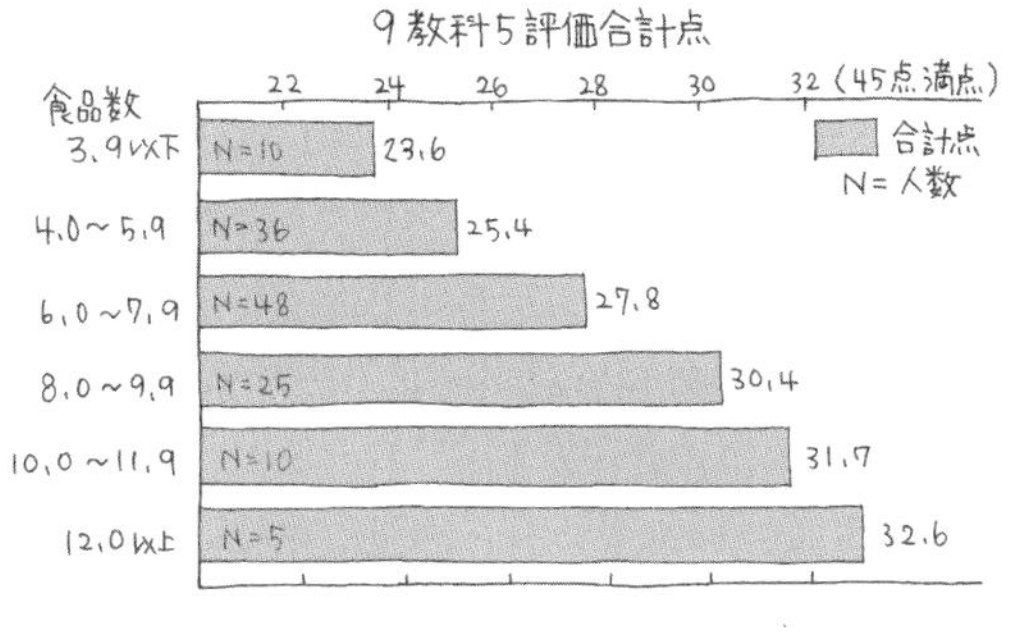

出典：『学力をつける食事』廣瀬正義著（文春文庫）

食事の内容は学力に影響するのか

食事内容と学力との関係について、品目数が多い食事をしている生徒のほうが、9教科の評定点が高いことが『学力をつける食事』（廣瀬正義著）のなかで報告されています（図表1）。また、「全国学力・学習状況調査」（文部科学省）では、国語と算数の平均正答率が、朝食を毎日食べている生徒をトップに、まったく食べていない生徒と15点前後の差がありました（図表2）。朝食を食べていない家庭は、育児放棄か貧困家庭か、ダイエットか、理由が何にせよ、改善が必要です。

図表2 朝食の摂取と「全国学力・学習状況調査」の平均正答率との関連

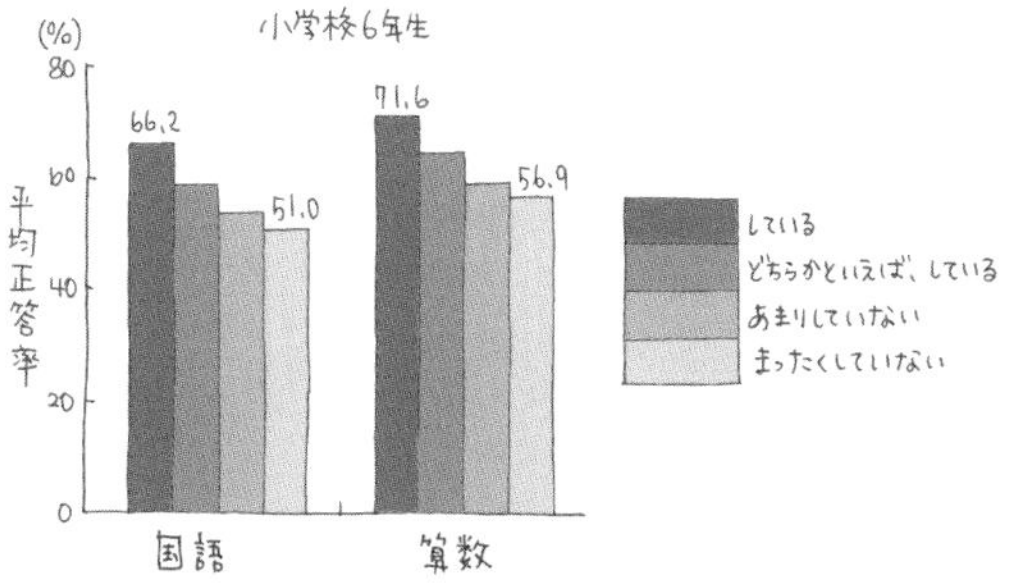

出典：文部科学省「全国学力・学習状況調査」（令和3年度）

食べる品目数が多いことに関して言えば、食事に手をかけている親の愛情が大事であるという説もあり、私も否定できないと考えています。ただし、その愛情も家庭の手づくりの食事に固執するのではなくて、コンビニ弁当や冷凍食品、野菜ジュース、あるいは学校給食でも、栄養や品目数を意識した内容であれば、ブドウ糖もセロトニンも足りて集中しやすくなり、学力にプラスになると言えると思います。

脳に機能するDHAとレシチン、パントテン酸

食べるだけで頭が格段によくなる食べ物があったら誰も苦労しないわ

けですが、**学力を上げることにつながる機能をサポートする栄養素**はいくつかあります。

もっとも有名なのは、マグロなどの青魚（特に頭部）に含まれる脂肪の一種である**DHA（ドコサヘキサエン酸）**です。「血液をサラサラにする」ともてはやされますが、血液の流れがよくなることで脳の細胞膜が柔らかくなり、脳が活性化するとされています。また、目の網膜に働きかけて視力低下予防や視力回復にも効果が期待でき、パソコンやスマホなどを多用する現代には頼もしい存在です。認知症予防にも効果があると注目されているので、大人にとっても積極的に摂りたい栄養素です。

同じく脂質の一種で、卵黄や大豆に多く含まれる**レシチン**も記憶保持や脳機能向上に役立つとされ、レバーや納豆に多く含まれる**パントテン酸**も神経中枢の発達を補助する働きが期待されています。

かつて、脚気を撲滅した**ビタミンB1**（豚肉、玄米、ウナギ）、**鉄分**（肉や赤身魚）、**ビタミンB12**（肉、魚、チーズ）などは、集中力を高める働きが期待できます。

臓器の元気のよさに合わせて食べる

○○に効果がある、という情報に敏感に反応して、特定の食品ばかりを立て続けに食べる人、食べる量が多いほど効果も高いと思い込む人がいます。栄養というのは、臓器で消化・吸収されて効果が発揮されます。**別の栄養素と組み合わさることで効率よく吸収される場合が多いので、多品目を食べること、よく噛むこと**もポイントになります。

また、内臓は1日のなかでも活動が活発な時間帯とそうでない時間帯の波があります。フランスの老化予防医学の権威者であるクロード・ショーシャ博士は、臓器の働きに応じた食べ方を「タイムリー・ニュートリション」と称して、肝臓が活発に機能する昼食時に、肉・魚などたんぱく質をメインに、膵臓が活発に機能する午後のおやつタイムに甘い物を摂ることを推奨し、晩は砂糖や炭水化物、果物、動物性脂肪は控えることを唱えています。これは老化予防医学の視点ではありますが、内臓に負担をかけにくいタイミングを知って、食事をサポートするうえでの参考になると思います。

臓器の働きが活発な時間はいつ？

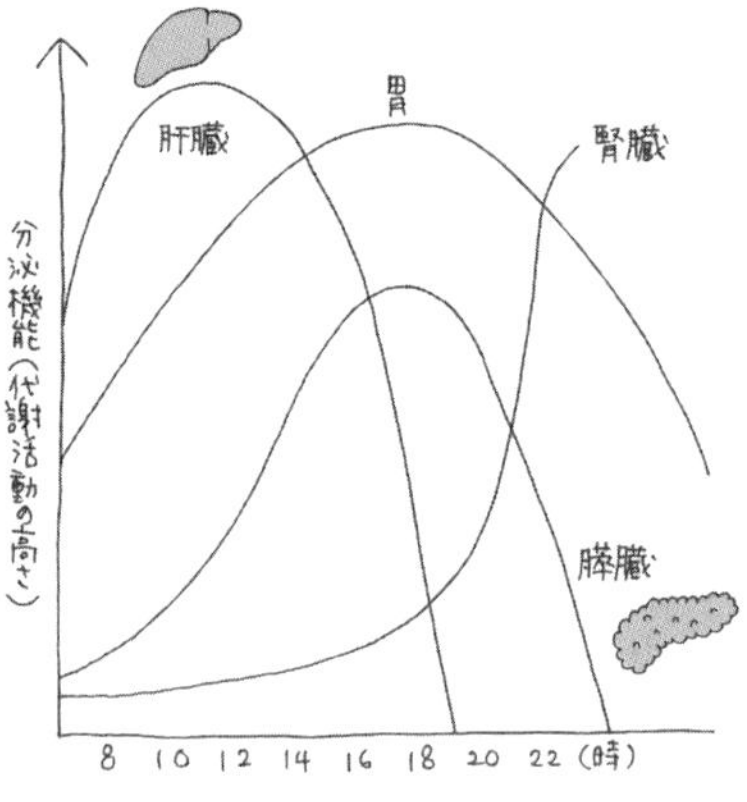

（クロード・ショーシャ）

危険なダイエットはしてはいけない

近年の日本では、ＢＭＩ（ボディ・マス指数）が病的レベルのスレンダーなアイドル・俳優・モデルたちがもてはやされ、子どもたちの憧れの存在になっています。自分の体型にコンプレックスを感じて極端なダイエットに走り、神経性無食欲症（拒食症）を発症するケースが少なくありません。体脂肪にはホルモンバランスを調整する重要な役割があるため、特に女性の場合には不足しすぎると生理不順を引き起こし、不妊症の原因にもなります。

欧米では、極端にスレンダーな体型のモデルはテレビや広告などに起用されません。プラスサイズモデルが活躍し、服のサイズ展開も豊富で、**どんな体型であっても自分らしく装うことを楽しみ、魅力的に表現する**方向へと進んでいます。狭い日本の価値観で無茶なダイエットをし、健康を害さないように、世界基準のファッションの楽しみ方を伝えてあげましょう。

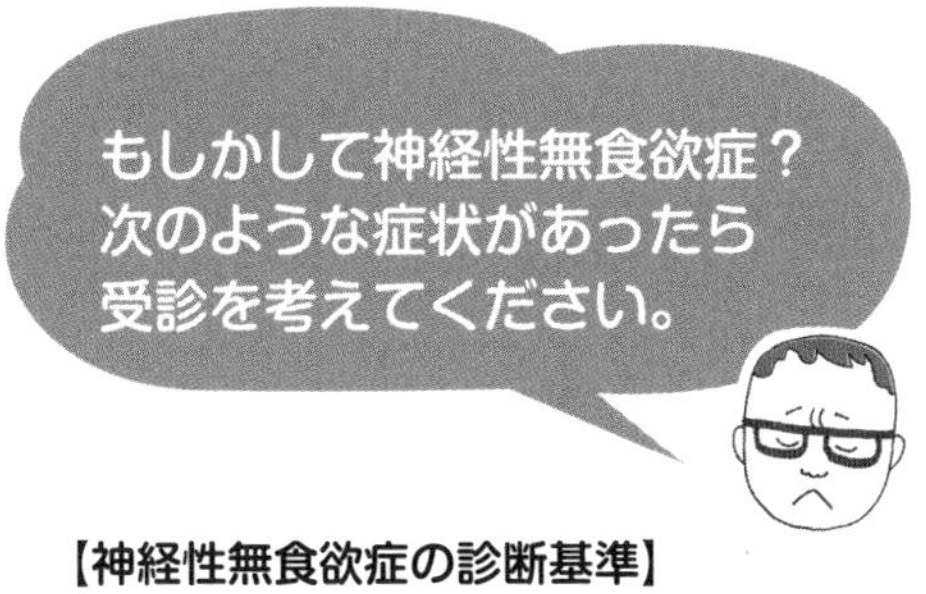
もしかして神経性無食欲症？
次のような症状があったら
受診を考えてください。

【神経性無食欲症の診断基準】

A	必要量と比べてカロリー摂取を制限し、年齢、性別、成長曲線、身体的健康状態に対する有意に低い体重に至る。有意に低い体重とは、正常の下限を下回る体重で、子供または青年の場合は、期待される最低体重を下回ると定義される。
B	有意に低い体重であるにもかかわらず、体重増加または肥満になることに対する強い恐怖、または体重増加を妨げる持続した行動がある。
C	自分の体重または体型の体験の仕方における障害、自己評価に対する体重や体型の不相応な影響、または現在の低体重の深刻さに対する認識の持続的欠如。

【体重基準と重症度】

軽　度	ＢＭＩ≧１７
中等度	ＢＭＩ１６～１６.９９
重　度	ＢＭＩ１５～１５.９９
最重度	ＢＭＩ＜１５

ＢＭＩ＝体重kg÷（身長m×身長m）

参考：DSM-5

親がするべき性教育とは

- 学校の性教育では足りないので親が教える
- 早めに性の危険を教える
- 包括的性教育で国際的な常識を得る

日本の性教育では子どもたちを守れない

現在の日本の性教育は、学習指導要領に基づいて、小学校4年で月経と精通、5年で生殖機能、中学校で受精と妊娠について学びます。けれども、この指導要領には「妊娠の経過は取り扱わないものとする」と記されてあります。つまり妊娠する行為である性交については触れずに、学校ではこれらを教えています。

子どもの性のめざめは早まっています。学校で正しい知識を得られない分、インターネットなどを通じて不確かな知識を得ることも多いでしょう。相手に任せて性交に至ることも考えられます。特に女子は小学生で月経のある子も多く、妊娠可能な身体であることを考えれば、望まない妊娠や性感染症を防ぐための正しい知識が、男女ともに必要です。学校の性教育ではまったく足りていませんので、子どもを守る観点から、性についてしっかりと教えることが必要です。

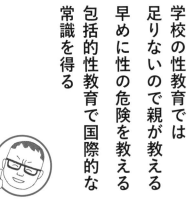

性をタブー視しない

先ほどの指導要領の話もそうなのですが、日本は性について語ることを避ける風潮があります。昔は喪中や生理中は穢れているからと、世間との距離を置いたり、神事や神社参拝を避けたりすることがありました。このような背景もあり、ネガティブな印象として今も刷り込まれているのかもしれません。

性をタブー視するかのような大人の対応は、性について不安を抱える子どもを突き放すことになります。子どもは相談できずに悩みを抱え込んだり、別のところに救いを求めたりします。そうならないために、子どもが思春期になる前から、性に関して親が当たり前のこととして話すのが望ましいです。家庭内ではフラ

ンクに、外ではTPOを踏まえて話す、ということを子どもの成長に合わせて教えていくとよいでしょう。

子どもを狙った性犯罪から守るために

未就学児や小学生を狙った性犯罪で多いのが、人目につかない場所に連れ込んでプライベートゾーンを見たり触ったり、あるいは見せたり触らせたりする行為です。プライベートゾーンとはアメリカで発祥した言葉で、他人に見せても触らせてもいけない、性的に関係のある自分だけの大切な場所のことです。日本では幼児たちにもわかりやすいように「水着で隠れる場所と口」と表現して、人前で見せない・触らない・触らせないことを教えています。

性犯罪は顔見知りの人が加害者であることも多く、学校や地域の行事などで、身体を触られたり見られたりして嫌だと感じたときには「嫌だからやめて!」と強く言って、その場から離れるように教えましょう。同時に、**自分の子どもが周囲の人に対して嫌がる行為をしないように伝えておくことも大事**です。

また、スマホを使い始めるようになったら注意したいのが、SNSを通じて言葉巧みに騙し、裸や下着姿の画像や動画を送らせる児童ポルノ犯罪です。一度送ってしまうと、ネッ

図表1　**無理やりに性交等をされた被害経験の有無**

	女性1803人中	男性1635人中
1人からあった	96人	29人
2人以上からあった	13人	4人

図表2　**被害にあった時期**（年齢・複数回答）

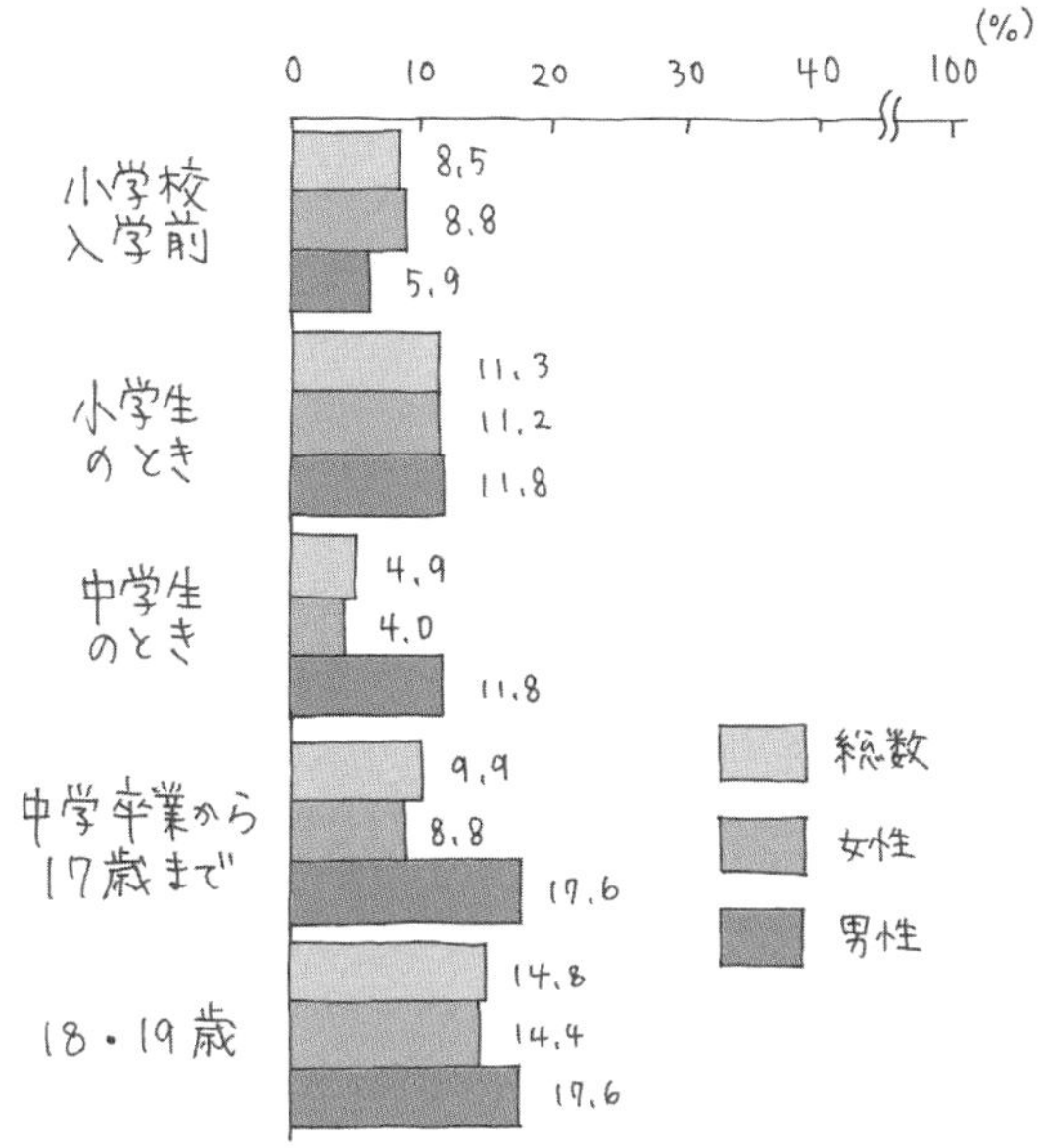

参考：内閣府令和２年「男女間における暴力に関する調査」
（図表２は未成年のデータのみを抽出）

トで拡散するぞ、と脅されてさらにエスカレートし、取り返しのつかない事態にも発展しかねません。友だち同士で画像や動画を送り合うことも、どんなリスクがあるかもわかりません。**常日頃から画像や動画の取り扱いには厳重な注意が必要です。**

子どもが自慰行為にめざめたら

　現代の子どもたちは、インターネットにアクセスすることで性的画像や動画を見放題できる社会にいます。精通を迎え、男性ホルモンが分泌されるようになれば、〈性欲の高まり〉→〈アダルトコンテンツで興奮＝自慰行為〉→〈射精〉をくり返すのは当然の流れでしょう。最初はこの体験をくり返すことに関心が向きすぎてしまうかもしれませんが、だんだんと**「定期的に必要なリフレッシュ」として学習にも支障のないところに落ち着くことが多い**と思います。また、女の子向けのエッチな漫画も溢れていますから、性的興奮を覚え、自分の身体に触れて気持ちがよくなることを知る女の子も多いはずです。

　最近では、自慰行為は性教育の専門家の間で「セルフプレジャー」と呼ばれ、自然な成長のひとつとして肯定されています。思春期の子をもつ親の心得として、自慰行為の最中にいきなり部屋に入ることのないよう、ノックをして「入るよ～」と声を掛け、少し時間を置いてドアを開けるくらいのことはしましょう。

性欲が間違った方向に向かないように

　生活や他人に悪影響を及ぼさない範囲で、自分の性欲を満たす分には何の問題もありません。しかし、なかにはより強い刺激を求めて課金の必要なコンテンツにのめり込むケースもあります。また、性交で性欲を満たしたいがために、恋愛関係で相手を振り回したり、同時に複数人と交際して相手を傷つけたりするケースもあります。性欲をコントロールできなくなった状態の先に、同意のない性交、盗撮、痴漢などの犯罪行為もあるという危機感をもって、性教育をしていくことも必要です。

包括的性教育が世界のスタンダード

　1999年に世界性科学学会（現・性の健康世界学会）で採択された「性の権利宣言」では、「包括的性教育を人は誰もが受ける権利がある」としたことで、世界基準の新しい性教育の指針ができました。

　包括的性教育とは、ジェンダー（社会的性別）平等や、性の多様性を含む人権尊重を基盤とした性教育で、ここでの「性」は、生物学的、心理的、社会的、経済的、政治的、文化的、法的、歴史的、宗教的など、ありとあらゆることに関連する「セクシュアリティ」を指しています。

また、2015年に国連で採択されたSDGs（持続可能な開発目標）の17ある目標のひとつ「5:ジェンダー平等を実現しよう」では、より具体的なターゲットを提示して、ジェンダー平等を目指すことを強く発信しています（左の表）。

性の権利宣言から20年以上も経過していますが、日本はジェンダー平等において後進国とみなされているのが現実です。**国際社会を生きる子どもたちには、ジェンダーの知識は常識として備わっている必要があります。**親子で一緒に勉強するつもりで、包括的性教育の情報を集めて話し合うのもいいと思います。

目標5のターゲット

達成目標

1 »	すべての女性と女の子に対するあらゆる差別をなくす。
2 »	女性や女の子を売り買いしたり、性的に、また、その他の目的で一方的に利用することをふくめ、すべての女性や女の子へのあらゆる暴力をなくす。
3 »	子どもの結婚、早すぎる結婚、強制的な結婚、女性器を刃物で切りとる慣習など、女性や女の子を傷つけるならわしをなくす。
4 »	お金が支払われない、家庭内の子育て、介護や家事などは、お金が支払われる仕事と同じくらい大切な「仕事」であるということを、それを支える公共のサービスや制度、家庭内の役割分担などを通じて認めるようにする。
5 »	政治や経済や社会のなかで、何かを決めるときに、女性も男性と同じように参加したり、リーダーになったりできるようにする。
6 »	国際的な会議※で決まったことにしたがって、世界中だれもが同じように、性に関することや子どもを産むことに関する健康と権利が守られるようにする。

※国際人口・開発会議（ICPD）の行動計画、北京行動綱領とそれらの検証会議の成果文書

実現のための方法

a »	それぞれの国の法律にしたがって、女性も財産などについて男性と同じ権利を持てるようにし、土地やさまざまな財産を持ったり、金融サービスの利用や相続などができるようにするための改革をおこなう。
b »	女性が能力を高められるように、インターネットなどの技術をさらに役立てる。
c »	男女の平等をすすめ、すべての女性や女の子があらゆるレベルで能力を高められるように、適切な政策や効果のある法律を作り、強化する。

出典：ジェンダー平等を実現しよう /SDGs クラブ / 日本ユニセフ協会より

子どもの恋愛について

- 身勝手な交際にならないように注視する
- 人として成長できる恋愛は見守る
- 恋愛以外のことで夢中になれるように導く

恋愛の定義とは

思春期を迎えて、子どもの恋愛が気になり始める親御さんも多いと思います。

まずは、恋愛の定義とはどのようなものなのか、新明解国語辞典の第七版と第三版で見てみましょう。

【恋愛】第七版より

特定の異性に対して他の全てを犠牲にしても悔い無いと思い込むような愛情を抱き、常に相手のことを思っては、二人だけでいたい、二人だけの世界を分かち合いたいと願い、それがかなえられたと言っては喜び、ちょっとでも疑念が生じれば不安になるといった状態に身を置くこと。

【恋愛】第三版より

特定の異性に特別の愛情をいだいて、二人だけで一緒に居たい、できるなら合体したいという気持をもちながら、それが、常にはかなえられないで、ひどく心を苦しめる（まれにかなえられて歓喜する）状態。

新明解国語辞典は踏み込んだ独特の表現で知られています。特に第三版は辞書フリークの間でも名作と語り継がれていますが、さすがに小学生の恋愛の定義としては理解し難いでしょう。

子どもの恋愛と思春期の恋愛

子どもの恋愛は、幼稚園で「〇〇くんが好き」「〇〇ちゃんと結婚する」と言って手をつなぐ程度の仲良し関係や、小学生になってもせいぜい「好き」という感情で互いに両想いになって満足する程度のものでしょう。このころは原則的には母親のことが一番好きですから、母親に「こんな子と付き合っちゃダメ」と言われれば、気持ちが冷めてしまうことがほとんどだと思います。

　思春期になると、母親よりも、好きな相手への想いのほうが上回ってきます。これには性欲が影響していて、特に男子の場合にはセックスを経験すると、性欲を満たす恋愛に走りやすくなります。自分がよければいいという身勝手な愛でも、相手は好きな彼から求められていることに喜びを感じて、応えようとします。小学生同士の恋愛であれば、**セックスで性欲を満たすような交際は考えにくいですが、今はSNSを介して年上の相手と出会う可能性も考えられますから、十分な注意が必要です。**

恋愛が及ぼす悪影響とは

　恋愛をすると、どのような悪影響があるのかを考えてみましょう。

- **夢中になってしまう（他のことが考えられなくなる）**
- **勉強などをする時間が奪われる**
- **相手の都合を考えない**
- **相手に振り回される**
- **妊娠・性病などのリスク**
- **親への秘密が増える**
- **満たされることで努力をしなくなってしまう**

　上記の「満たされること」とは、何かを成就させること。人は何かを成し遂げると満足して努力することをやめてしまう習性があります。恋愛と勉強をしっかり住み分けしているつもりでも、**受験に臨む人にとって、満たされる経験はそれ以上の努力をしなくなるリスクになってしまいます。**

　こうして見ると、恋愛と受験の両立は、かなり難しそうだということがわかります。実際に、東大受験で結果を出してきた受験ママは、「東大を合格するまでは恋愛禁止」と徹底していたとも聞きます。

子どもに恋愛は不要？

　恋愛感情がめばえるのは、発達において自然なことです。勉強の邪魔だからとか、小学生にはまだ早いからと極端に抑圧してしまうと、反発が起こり、別の形で結局は勉強の邪魔になることも考えられます。

性的な欲求を満たすための恋愛ではなく、一緒に勉強して高みをめざしたり、共通の趣味を通じての気分転換で勉強への集中力が上がったりなど、プラスに働く恋愛であれば、さほど害はないはず。むしろ、**人を愛することを通して、相手の都合を考えたり、気持ちを汲んだりしながら、コミュニケーション力が磨かれて人間的な成長にもつながります。**

ただし、失恋をしてしまうと立ち直るのに時間が必要な子もいます。逆に、恋愛なんてするもんか、と勉強に打ち込むスイッチが入る場合もあります。恋愛によってどんな化学反応が起きるのか、親であってもなかなか予測できないと思います。

やはり恋愛はもう少しお預けにしたいと考えるならば、**恋愛よりもこっちのほうがいいと打ち込めるようなスポーツや趣味に、早い段階で出会わせる**こともひとつの方法です。何かに夢中にさせることで、自己愛が満たされ、恋愛へ関心が向かずに済む傾向にあります。

子どもが性的マイノリティだとわかったら

偏見や差別をなくそうという社会の動きのなかで、性のあり方は多様でありLGBTQをはじめとする性的マイノリティ（性的少数者）への理解や配慮が求められています。

生まれたときに性器の形などから医師によって「男」「女」と判別され、役所に出生届を出すことで法律上の性別が存在します。しかし、女の子っぽい服装や遊びを好む男の子が、周囲の子にからかわれて孤立したり、制服のスカートに抵抗のある女の子が、我慢して着用し、学校生活にストレスを感じたりすることもあるでしょう。法律上の性別に違和感をもつ子もいることから、最近では教育現場でもジェンダーレス化への対応が進み始めています。

一方、なかなか配慮しにくいのが恋愛です。思春期を迎えるころには、「性的指向」（自分の恋愛や性愛の対象）や、「性自認」（自分がどんな性であるかの認識）がわかってきます。

心と身体の性が一致している「シスジェンダー」、心と身体の性が一致していない「トランスジェンダー」以外に、性をいずれかに限定しない「Xジェンダー」などLGBTではくくれない多様な人々がいます。

もし、自分の子どもが、**「異性愛」いわゆる「ストレート」の性的指向ではない場合には、そのこと自体を否定せずに受け止めてください。ただし、その相手側に好意や理解がないのであれば、一方的にアプローチを続けたりしてはいけないことを伝えましょう。**これは性的マイノリティに限ってのことではなく、すべての恋愛に言えることです。

LGBTQとは
性的マイノリティ(性的少数者)を表す総称のひとつ

L レズビアン…女性の同性愛者

G ゲイ…男性の同性愛者

B バイセクシャル…両性愛者

T トランスジェンダー…自分の身体の性別と心の性別に違和感をもつ人

Q クィア…セクシャルマイノリティの総称
クエスチョニング…自分の性のあり方について特定の枠に属さない、わからない人

性的指向はいろいろ

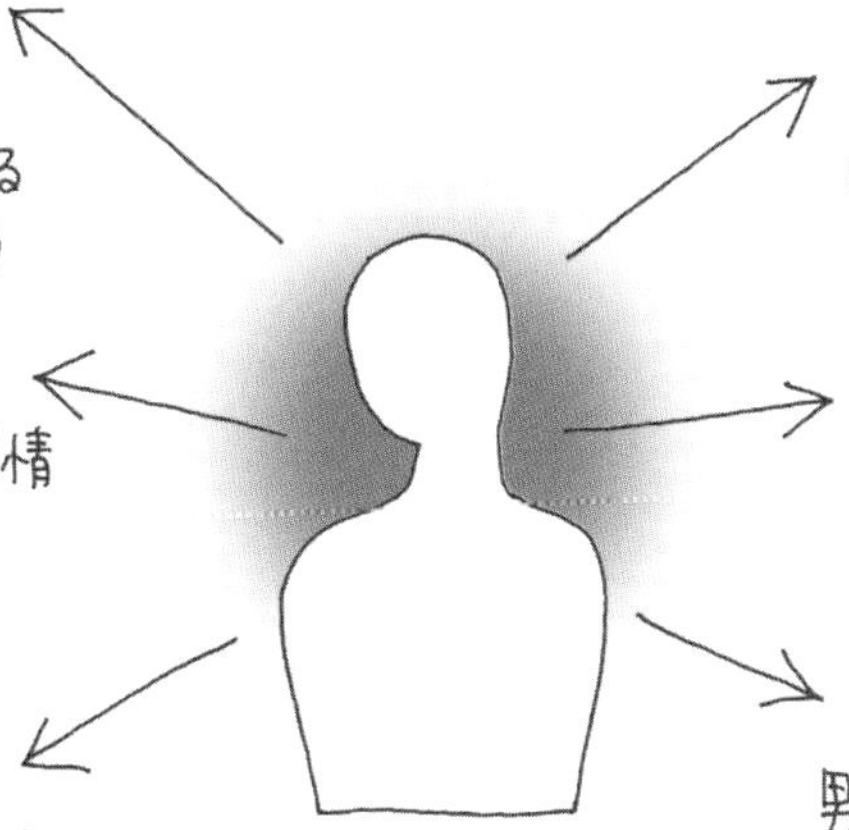

全性愛
性別にとらわれずに、すべてが恋愛の対象となる
(パンセクシャル)

無性愛
異性や同性に対して、恋愛感情も性的欲求も感じない
(アセクシャル)

非性愛
異性や同性に対して、恋愛感情は抱くけれど、性的欲求は抱かない
(ノンセクシャル)

異性愛
(ヘテロセクシャル)

同性愛
(ホモセクシャル)

両性愛
男性・女性の両方が恋愛の対象になる
(バイセクシャル)

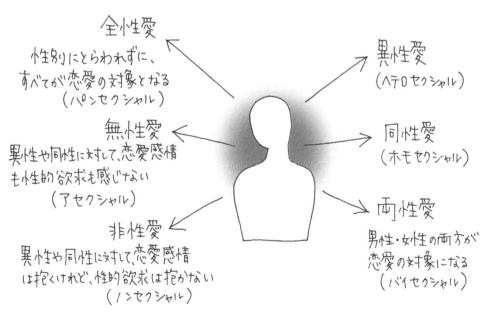

和田秀樹の「親塾」のご案内

親が下記のことができるように和田秀樹が行う映像講義です。

① 親が一人ひとりの子どもの個性や能力特性に合わせた勉強をさせるお手伝いをします。例えば、算数が得意で国語が苦手な子どもには、得意な算数を思い切り伸ばしてあげて、勉強を好きにするとともに自信をもった子どもに育て、最終的に大学受験で勝負するようにします。発達障害（非定型発達）が疑われるときでも欠点より長所に目を向けます。

② 教え方や勉強の仕方の工夫で「できる」体験をさせ、「いい点」をとらせることで勉強好きにします。

③ 大学受験に有利なように可能な限りの先取り学習を行います。例えば小学校4年生くらいから中学の数学、英語を教えることで大学受験を有利に進める。小学校2年生くらいまでの勉強を1年のうちに終えるなど、それに適した参考書、問題集、ドリルも紹介します。

④ 学習習慣をつけ、将来に役立つ基礎学力を身に付けさせます。

⑤ 子どもに「自分は頭がいい」という健全な自信をもたせます。勉強ができないと言われたり悪い点をとってしまったというネガティブな経験をなるべくさせずに、「自分は頭がいい」と思わせることは、将来希望をもって受験勉強や仕事をすることにつながります。

⑥ 勉強がなぜ役立つのか、大人の社会の仕組みを子どもにわからせます（勉強ができると偉いと思える価値観を身に付けさせる）。

⑦ 子どものメンタルヘルスや心理発達の基礎知識を身に付け、想定される危機に対応できるメソッドを知ることができます。精神科医としての知識を駆使して、子どもがいじめられたとき、ひきこもり気味のときなどの対応術も知ることができます。

本書の読者
購入特典

どんな子にも素養がある。
最大限に能力を引き出す和田式教育法!
親塾代表の和田秀樹が自ら動画で講義します。

おおむね本書の内容に沿ったものになります。

週に2回分の配信で、約1年で受講が終了します。

計100回の講義のパッケージで10万円（税別）となります。資料請求をしていただければ、100回分の講義内容のタイトルをお送りしますので、そのなかから好きなものを選ぶことができます。

その場合は、1回分の講義が1500円（税別）となっております。

オプションサービスとして、メールでの質問もお受けします（有料）。また、受講者数が1000人を超えた場合は、和田秀樹による直接対面講義も計画しております（無料、抽選で50人程度の受講を予定しています。抽選にはずれた人にはオンラインで配信します）。

本書の購入特典として下記のQRコードからお申込み頂けますと、これまで行った講義のなかから5回まで無料で受講できます。それをご覧になったうえで、入塾を決めてください。

以下、「親塾」のサイトにアクセス

https://oya-jyuku.jp/

本書と同時発売！
併せて
お読みください！

和田秀樹の「親塾」
勉強に自信をつける！ 編

和田秀樹 WADA HIDEKI

1960年大阪生まれ。灘中学・灘高校から東大理科Ⅲ類に現役合格。灘中学受験に失敗した実弟に灘の勉強法を伝授し、在籍した高校創立以来２人目の東大文科Ⅰ類現役合格を実現させる。1987年に自らの受験テクニックを書籍化した『受験は要領』がベストセラーになり、受験のカリスマと呼ばれる。1993年、志望校別受験勉強法の通信教育「緑鐵受験指導ゼミナール」を設立。現在でも地方の公立高校から東大や医学部へ多数合格させている。精神科医としては東大医学部付属病院精神神経科助手を経て、'91年から'94年までアメリカ・カールメニンガー精神医学校国際フェローを経て現在、和田秀樹親塾・緑鐵受験指導ゼミナール代表。立命館大学生命科学部特任教授。臨床心理士。映画監督としても活躍。受験や教育に関する本だけで300冊以上を出版。

STAFF

ブックデザイン　釜内由紀江
　　　　　　　　五十嵐奈央子（GRiD）
イラスト　　　　黒澤麻子

和田秀樹の「親塾」
心とからだの問題解決！編

2023年9月15日　初版第一刷発行

著者	和田秀樹
編集	下村千秋　千葉淳子　小宮亜里
営業	石川達也
出版協力	結城博司（緑鐵受験指導ゼミナール）
発行者	小川洋一郎
発行所	株式会社ブックマン社 http:// www.bookman.co.jp 〒101-0065　千代田区西神田3-3-5 TEL 03-3237-7777 FAX 03-5226-9599
ISBN	978-4-89308-962-5
印刷・製本	図書印刷株式会社

©和田秀樹／ブックマン社 2023 Printed in Japan

定価はカバーに表示してあります。乱丁・落丁本はお取替えいたします。
本書の一部あるいは全部を無断で複写複製及び転載することは、法律で認められた場合を除き著作権の侵害となります。

本書において出典の記載のないデータは、著者の過去の著作物、研究成果を参考にしています。

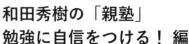